잃어버린
집중력 구하기

필요할 때 언제든 바로 몰입할 수 있는 실전 기술

잃어버린
집중력 구하기

데이먼 자하리아데스 지음 | 이현 옮김

빅피시
BIG FISH

집중력을 도둑맞지 않은 사람 vs. 매번 집중력을 뺏기는 사람

수시로 울리는 전화, 산더미처럼 쌓여 있는 아직 확인하지 않은 이메일, 답을 해야 하는 새로운 메시지가 도착했다는 알람에 지친 경험이 한 번이라도 있는가? 어디 그뿐인가. 페이스북의 팔로우 업데이트 요청, 엑스에서 리트윗이 되었다는 트윗, 핀터레스트에서 새로 만든 핀, 인스타그램의 좋아요와 댓글, 각종 자극적인 뉴스와 가십거리…. 일상생활에서 우리의 집중력을 파괴하고 주의를 빼앗는 요소들은 끝도 없이 계속 늘어가고 있다. 이런 환경에서 대부분이 집중해서 일을 제대로 해낼 수 없다고 토로하는 게 어쩌면 당연한 것일지도 모른다.

- 정해진 시간에 맞춰 일을 완수하기가 힘들다. 데드라인을 지키지 못하는 경우가 자주 발생한다.
- 꼭 해야 하는 중요한 일을 미루고 메시지를 보내거나, 인스타그램 피드를 들여다보거나, 뉴스 웹사이트를 읽는 데 시간을 허비한다.

- 문자나 이메일이 오면 지금 하고 있는 일이 무엇이든 주의를 빼앗기는 바람에 일의 흐름이 깨진다.
- 머릿속에서 다양한 상상을 자주 한다. 해야 할 눈앞의 일보다는 멍하니 허공을 응시하며 멍 때리는 경우가 많다.

위의 문제들 가운데 해당 사항이 몇 개나 되는지 체크해보자. 평소 당신은 하루를 어떻게 보내는가? 종종 두서없이 머릿속에 여러 생각이 들어 주어진 일에 집중하기가 어려운가? 아주 작은 일로도 집중력이 흐트러지는가? 그렇다면 당신 역시 전 세계의 수천만 명이 동시에 겪고 있는 '집중력 부족'일 가능성이 높다.

심지어 남들과 다른 집중력으로 뛰어난 성과를 내는 것처럼 보이는 사람들도 사정은 마찬가지다. 모든 과목에서 A학점을 받는 학생부터 직장에서 인정받는 유능한 매니저, 이름이 알려진 CEO까지, 모두가 집중이 안 된다는 문제로 괴로워한다.

현대인 모두가 집중력을 잃어버렸다 하더라도 그렇지 않은 사람들도 물론 있다. 모든 방해 요소마다 쉽게 주의력을 잃고 끌려다니는 사람이 있는가 하면, 누군가는 주의력을 자유자재로 통제해 최상의 성과를 낸다. 과연 그들은 어떻게 집중력을 도둑맞지 않을 수 있었을까? 고도의 집중력을 가진 사람과 1~2분 이상 집중할 수 없는 사람을 결정짓는 차이는 무엇일까? 그것은 바로 '집중력을 지키는 시스템'을 갖고 있느냐의 차이다.

집중력은 타고나는 것이 아니라 시스템이 만든다

집중력을 타고나는 사람은 거의 없다. 집중력은 후천적인 학습과 끊임없는 노력으로 얻어진다. 다시 말해, 집중력은 타고난 재능이나 선천적인 능력이 아니라 일종의 습관이다. 그렇기에 내가 필요할 때 집중력을 바로 꺼내쓸 수 있도록 스스로 훈련이 가능하다. '담배 끊기'나 '채식하기'처럼 나에게 도움이 되는 습관을 들이듯이, 집중력을 최대한 발휘할 수 있는 시스템을 나의 내면에 꾸준히 적용하면 된다.

내 마음대로 집중하고 싶을 때 집중할 수 있다면 인생이 어떻게 달라질지 생각해보라. 우선 주어진 업무와 프로젝트를 정해진 시간 안에 끝낼 수 있다. 최상의 집중력을 발휘하여 해야 할 일을 하게 되면 업무를 처리하는 속도는 빨라져 효율성이 극대화된다. 또한 골치 아픈 문제를 만나더라도 자신감을 갖고 더 빠르고 명료하게 의사 결정을 내릴 수 있다.

비단 업무적인 성과뿐 아니라 가족과 친구와 시간을 보낼 때 역시 그 시간에 오롯이 집중할 수 있게 된다. 이것은 집중력을 되찾고 인생에 생긴 변화의 일부에 불과하다. 대부분의 사람들은 더 생산적이고 유능해지고 싶어 한다. 주의력을 자유자재로 통제할 수 있다면 어렵지 않게 목표 달성을 할 수 있다.

아마도 살면서 중요한 일을 앞두거나, 마감이 임박했을 때 집중하려고 노력해본 적이 있을 것이다. 하지만 여러 가지 방법을 동원했어도 수차례 애쓰다 별 효과 없이 실패했을지도 모르겠다. 당신만 그런 게 아니다. 집중력을 유지시키고 강화해주는 시스템이 없다면, 주의력을 완전히 통제하려는 시도는 실패와 좌절로 끝나기 마련이다. 내 경우도 크게 다르지 않았다.

아울러 집중력은 제한적이라는 사실을 명심해야 한다. 집중력은 일어난 순간부터 잠자리에 들 때까지 우리가 하루 종일 소비하는 자원이다. 이런 사실에 비추어 볼 때, 집중력을 관리하는 일이 애초에 집중력을 계발하는 일 못지않게 중요하다. 이 책에서 역시 집중력 관리에 대해 좀 더 심도 있게 다룰 것이다.

한때 나는 집중력이 없었다. 한 번에 몇 분 이상 집중하기가 힘들었다. 이메일과 뉴스 웹사이트부터 소셜미디어, 전화까지 온갖 방해 요소에 어김없이 굴복했다. 그 결과 나는 무언가를 마감기한에 맞춰 완수하는 데 어려움을 심하게 겪었다.

희소식을 먼저 전하자면, 이 문제를 없앨 아주 간단한 해결책이 있다는 것이다. 바로 집중력을 강화하는 시스템을 갖추면 된다. 그렇다면 집중력을 강화하는 시스템이란 무엇일까? 이 책에서는 가장 간단하면서도 효과적인 집중력 시스템을 설명한다. 당신에게도 이 방법이 통할 거라고 100퍼센트 확신한다. 집중력 시스템을 실천하기만 한다면, 주의력을 완전히 통제하게 될 것이다. 이것은 수많은 사례를 통해 장담할 수 있다.

이 책에서 소개하는 전략과 전술을 내 인생에 적용하자 인생이 바뀌었다. 나는 집중력을 완전히 통제하는 법을 배워 방해 요소들을 무시하면서 일에 집중하게 되었다. 이제 나는 내가 필요할 때 언제든지 집중할 수 있다.

그 효과는 정말 엄청나다. 그야말로 삶이 바뀌었다. 몇 권의 책을 쓰고, 정기적으로 블로그에 글을 올리고, 사업을 운영하면서도 여유롭게 내 삶을 누린다. 친구와 가족과 있을 때 방해받기는커녕 오롯이 집중할 수 있다.

내가《잃어버린 집중력 구하기》에서 제시하는 집중력 시스템을
실행하지 않았다면, 이 모든 일은 불가능했을 것이다. 이 시스템
을 구성하는 전술들 가운데 다수는 간단하고, 일부는 직관적이
다. 하지만 모두 내가 집중력을 완전히 통제하는 데 큰 도움이
되었다. 당신도 나처럼 일터에서, 가정에서, 당신이 하는 모든 활
동에서 그 전술들이 매우 값지다는 걸 깨닫게 될 것이다.

C O N T E N T S

FAST FOCUS

PART
1

현대인은 왜
집중력을 뺏기게 되었나?

집중력을 잡아먹는 괴물들

집중력 계발과 주의력 관리를 논하려면 우선 몇 가지 기본 개념을 다뤄야 한다. '파트1'에서는 집중력과 주의를 정의하고, 이 둘을 완전히 자유자재로 통제하기가 어려운 이유를 살펴본다. 더불어 집중하는 것을 방해하는 가장 흔한 장애물을 다룬다. 주의해야 할 어려움이 무엇인지 알면, 극복하기가 더 쉬워진다.

주의력을 완전히 통제하고 싶은 이유를 아는 것도 중요하다. 물론 생각하기에 이유가 뻔할 수 있다. 문제는 그렇기 때문에 그 이유를 제대로 들여다보지 않는다는 것이다. '집중해야 하는 이유'를 심층적으로 제대로 살펴보지 않으면, 폭발적인 집중력을 가질 때 얻게 되는 이점을 전부 깨닫지 못하는 우를 범할 수 있다.

마지막으로 주의력을 자유자재로 통제할 수 있을 때 인생에서 누리게 될 많은 긍정적인 효과를 함께 살펴볼 것이다.

집중력이란
무엇일까?

───────────●───────────

우리는 하루 종일 한 가지가 아닌
여러 종류의 주의를 사용한다.
주의의 종류에 따라
그 사용할 때와 사용법도 달라진다.

사람들은 마치 터널 속에서 출구만 눈에 보이는 것처럼 주변의 모든 것을 무시하고 철저히 눈앞의 과업에만 집중할 수 있는 능력이 '집중력'이라고 생각한다. 하지만 집중력은 그보다 훨씬 복잡하다.

사실 우리는 하루 종일 한 가지가 아닌 여러 종류의 주의를 사용한다. 어떤 종류이냐에 따라 우리가 무엇을 알아채고 알아채지 못하는지, 무엇을 무시하고 무시하지 않는지가 정해진다. 또한 주의의 종류에 따라 그 사용 시간과 방법도 달라진다.

자발적 주의와 비자발적 주의

자발적 주의와 비자발적 주의는 집중력의 양대 산맥이다. 자발적 주의는 우리가 무언가에 의식적으로 집중할 때 사용한다. 가령 가족들이 같은 방에서 텔레비전을 보고 있는데 당신은 혼자 책을 읽고 있다고 생각해보라. 아마도 텔레비전에서 나오는 시끄러운 소리 때문에 읽고 있는 글에 온전히 집중하기가 힘들 것이다. 책에 집중하려면 방문을 닫거나, 텔레비전 소리를 좀 낮춰달라고 가족에게 얘기하는 등 주변 소음을 의식적으로 차단해야 한다는 생각이 자연스럽게 들 것이다.

이게 바로 '자발적 주의'다. 자발적 주의는 당신이 통제할 수 있는 주의력이다. 무엇을 받아들이고 무시할지 말지 당신이 결정한다. 자발적 주의는 마치 근육과 같다. 안타깝게도 현대를 사는 대부분의 사람은 무용지물이 되어버렸을 정도로 쪼그라든 근육 상태를 갖고 있을 것이다.

하지만 자발적 주의는 마치 근력 운동을 하며 근육을 키우는 것처럼 꾸준히 강화시킬 수 있다. 다른 근육과 마찬가지로 연습하면 할수록 더 강해진다. 방해 요소들을 극복하고 당신이 원하는 만큼, 필요한 대로 집중할 수 있는 능력을 계발할 수 있다는 뜻이다.

'비자발적 주의'는 자발적 주의의 반대다. 우리가 통제할 수 없다. 당신이 아무리 무언가에 집중하고 있다고 해도, 어디선가 갑자기 총성이 들리면 주의를 빼앗긴다. 마찬가지로 몰입 상태에서 일하고 있다고 해도 옆집에서 소름 끼치는 비명 소리가 들리면 집중력이 깨지기 마련이다.

비자발적 주의는 우리의 안전이 위협받을 때 큰 가치가 있다. 면옛날의 선조들이 식량을 구하려 사냥하고 있다고 상상해보자. 이런 경우 수시로 야생 동물과 호전적인 이웃 부족의 공격에 노출되어 목숨을 잃을 수도 있다. 비자발적인 주의는 이럴 때 경각심을 잃지 않게 하여 (대개의 경우) 안전을 지켜주는 역할을 한다.

물론 오늘날 생명의 위협을 느끼는 상황은 좀처럼 일어나지 않는다. 우리는 목숨이 언제라도 위태로울 수 있다고 생각하지 않고 일상을 살아간다. 하지만 우리의 유전자 깊숙한 곳 어딘가에서 비자발적 주의는 여전히 존재한다.

비자발적 주의는 현대에서도 열심히 작동하며 우리가 주목할 만한 환경상의 변화에 주의를 쏟게 만든다. 다만 사나운 야생 동물이나 호전적인 이웃 부족이 아닌, 비교적 시시한 일에 경보를 울린다.

예컨대 전화의 수신음과 진동이 울리면, 당신은 바로 주의를 빼앗겨 기어이 확인하고야 만다. 새로 메일이 수신된 걸 알아채면, 누가 보냈는지 바로 확인한다. 혹은 친구의 페이스북 업데이트를 알아채면 바로 읽고 싶은 유혹을 이겨낼 수 없다.

이런 경우들이 바로 비자발적인 주의가 작동하는 상황이다. 이제는 우리의 목숨이 전쟁 등 특수한 경우가 아니라면 지속적인 위협을 받지 않는 터라 오늘날 그 용도가 줄어들었다. 그럼에도 비자발적 주의는 끊임없이 작동하며 존재 가치를 증명하려고 애를 쓴다. 안타깝게도 지금은 그저 끝없는 방해 요소들을 만드는 데 성공할 뿐이다.

여기서 핵심은 자발적 주의와 비자발적 주의가 다른 메커니즘이라는 것이다. 전자는 통제할 수 있지만 후자는 통제하는 것이 거의 불가능하다. 그렇기에 자발적 주의에 따른 통제력을 더 많이 갖고 있다면 비자발적 주의의 영향력을 줄일 수 있음에 주목해야 한다.

광범위한 주의와 초점 주의

'광범위한 주의'는 새가 하늘에서 내려다보듯이 전경을 평가할 수 있게 해준다. 우리는 광범위한 주의를 나무보다 숲을 보는 데 사용한다.

가령 당신이 전쟁터에서 군사 전략을 다루는 군인이라고 상상해보라. 당신은 광범위한 주의를 사용하여 폭격 계획을 세우고, 군수품 보급선을 구상하고, 적군을 비롯한 대규모 군대의 이동을 예측한다.

다른 예로 만약 농구부 감독으로 경기 전략을 짜고 있다고 생각해보라. 광범위한 주의를 사용하여 선수들이 처할 수 있는 무수한 상황들을 예측하고 그때마다 적절한 대응을 구상한다.

이렇게 큰 그림을 볼 수 있는 게 광범위한 주의라고 생각하면 가장 쉽게 이해할 수 있다. 광범위한 주의를 통해 일단 상황이 전체적으로 파악이 되면, 이제 초점 주의를 적용하여 디테일을 다룰 수 있다.

'초점 주의'를 적용하면 구체적인 상황을 평가한 후 주어진 자원과 목표를 고려하여 가장 적합한 접근법을 제시할 수 있다. 예를 들어, 당신이 군사 전략을 다루는 장군이라고 생각해보자. 적군의 힘과 수를 고려하여 전장 안에서 특정 지역을 탈환하는 방법을 모색해야 하는 과제가 주어질 수 있다. 이런 경우, 초점 주의를 사용하여 과제를 해결할 것이다.

아니면 다시 자녀의 농구부 감독이라고 상상해보자. 네 번째 쿼터가 끝나기까지 10초가 남았고, 현재 2점 앞서가고 있다. 문제는 상대 팀에 3점 슛에 뛰어난 선수가 있다는 것이다. 이런 경우 마찬가지로 초점 주의를 사용하여 효과적인 3점 슛 방어 전략을 세울 것이다.

광범위한 주의와 초점 주의에 관한 희소식은 둘 다 통제할 수 있다는 것이다. 비자발적 주의와 다르게, 당신에게 유리하게 사용하는 법을 택할 수 있다.

하지만 광범위한 주의와 초점 주의에는 함정이 있을 수 있다. 가령 큰 그림에만 집중하면(광범위한 주의) 중요한 디테일을 놓치는 우를 범할 수 있다. 큰 그림은 제쳐두고 특정 상황에만 집중하면(초점 주의) 전체를 파악하는 능력이 떨어질 수 있다.

주의력을 계발하고 다듬는 법을 배워가는 과정에서 여러 종류의 주의와 그것들의 작동 원리를 제대로 이해하는 게 중요하다. 다음으로 우리가 집중력을 잃게 되는 가장 흔한 이유를 빠르게 살펴볼 것이다.

"머리를 쓸 때엔
모든 정신적 능력을
그 대상에
집중하도록 노력하라."

_레프 톨스토이 Lev Tolstoy

자꾸만
집중력을

잃어버리는
이유

───────── • ─────────

감정과 시간을 어떻게 통제하느냐가
집중력을 결정한다.
계획된 하루를 사는 사람이야말로
진정한 집중력을 얻을 수 있다.

당신은 집중을 못 하는 게 어떤 느낌인지 이미 너무 잘 안다. 할 일은 태산인데, 도저히 집중을 할 수가 없고 주의가 산만하다. 전화기의 알림 소리부터 밖에서 들려오는 자동차 소리까지 귀에 들리는 족족 주의를 빼앗아 가 눈앞의 일을 해내기 어렵다. 어찌어찌하여 일을 다 끝낸다 해도 집중을 제대로 못 했으니 완성도가 떨어질 거라는 생각에 찝찝한 기분이 가시지 않는다.

익숙한 이야기 아닌가? 나 역시 주의력을 완전히 통제하는 법을 배우기 전에 거듭해서 겪었던 경험이다. 이 일련의 과정은 정말이지 좌절스럽다. 나도 직접 경험해 봐서 잘 안다. 집중력을 키우기 위해서는 애초에 왜 집중력을 잃는지 이해하는 게 중요하다. 보통 집중력을 잃는 원인은 크게 5가지로 요약된다.

1. 흥미 부족

2. 부정적인 감정

3. 체계 없음

4. 부족한 체력

5. 통제력의 부재

바로 이해가 되는 것도 있고, 아닌 항목도 있을 수 있다. 아래에서 하나씩 자세하게 살펴보자.

흥미 부족

집중하려는 대상에 흥미가 있을 때 집중하기가 훨씬 쉽다. 눈앞의 과업에 관심이 생겨야 집중할 수 있다. 자극을 느껴야 하는 것이다. 일에 관심을 갖게 되면 일에 몰두하여 주변의 방해 요소들을 무시하게 된다.

부정적인 감정

부정적인 감정 상태는 집중력을 갉아먹는다. 스트레스를 받고, 신경질이 나고, 외롭고, 우울하거나 화가 나면 집중하는 게 불가능하다. 그게 인간의 본성이다. 마음이 이러한 감정에 사로잡혀 있는 상태라면 집중할 때 사용될 인지적 자원이 별로 남아 있지 않게 된다.

체계 없음

체계적으로 계획된 하루를 사는 사람이야말로 일에 집중하기 위해 방해 요소들을 무시할 줄 아는 사람이다. 하루가 일관성 있고 익숙한 패턴으로 흘러갈 때, 집중력을 관리하기가 훨씬 수월하다. 체계가 잘 잡혀 있으면, 주의를 산만하게 하는 혼란을 미연에 방지할 수 있다. 하루의 루틴이 잘 잡혀 있다면 무슨 일을 하든 흐트러짐 없이 계속 집중할 수 있다.

부족한 체력

부족한 에너지와 허약한 체력은 사람들이 자주 간과하는 주의력을 갉아먹는 요인이다. 지속적으로 집중하려면 에너지가 많이 필요하다. 잘 먹고, 충분히 자고, 규칙적으로 운동을 해야 집중할 때 쓸 수 있는 충분한 에너지를 확보할 수 있다. 문제는 많은 사람들이 이 지점을 간과하는 데 있다. 집중하지 못하는 사람들은 대개 정크 푸드를 먹고, 다른 일을 하느라고 잠을 줄이고, 좀처럼 일과 시간에 몸을 움직이지 않는다.

주의력을 완전히 통제하고 집중력을 유지할 때 뇌가 가장 중요한 역할을 한다. 그런데 애초에 우리 몸의 에너지가 충분하지 않으면, 뇌가 제대로 기능할 수 없다.

통제력의 부재

시간을 어떻게 통제하느냐가 얼마나 잘 집중하는지를 결정한다. 사람들이 아무 때나 당신을 방해하도록 놔두면 주의가 분산되지 않고 일을 하기 위해 필요한 몰입 상태에 결코 도달할 수 없다. 주어진 과업에 온전히 빠져들지 못하기 때문이다.

날카로운 집중력을 계발하길 원한다면 시간을 통제해야 한다. 물론 항상 그럴 수 있는 건 아니다. 결코 피할 수 없는 방해 요소들도 있다. 하지만 시간에 대한 통제력을 늘리기 위해 뭔가 조치를 취한다면 집중하기가 훨씬 수월해진다.

집중력을 잃는 것이 항상 나쁜 일인가?

집중력을 잃으면 우리의 생각은 이리저리 정처 없이 배회하게 된다. 하지만 그게 항상 나쁜 일인가? 전혀 그렇지 않다. 집중력을 잃더라도 이 상태를 나에게 도움이 되게끔 만들면 된다. 생각이 자유롭게 뻗어나가며 다양한 상상을 하기 시작하면 우리의 뇌는 이전보다 훨씬 창의적인 상태가 된다. 이 경우 꽉 막힌 문제에 대해 뻔하지 않고 참신한 해답을 발견하는 데 도움이 될 수 있다.

샤워를 하거나, 체육관에서 땀 흘리며 운동을 하거나, 저녁에 잠깐 산책할 때, 당신의 생각이 마음껏 떠돌아다닐 수 있는 자유를 허락하라. 당신 자신조차 깜짝 놀랄 만한 아이디어가 떠오를 수 있다.

그렇다고 짬만 나면 무조건 생각을 배회하게 둬야 한다는 뜻이 아니다. 그렇게 하면 익히 알다시피 우리의 업무 수행성과 생산성에 큰 타격을 입는다. 그렇기에 집중해야 하는 상황일 때 바로 집중할 수 있게 하기, 이게 바로 이 책에서 알려주는 집중력 시스템의 목표이다.

• • •

이제 일상생활 중 집중력을 잃게 하는 5대 요인에 대해 잘 알게 되었을 것이다. 다음에서는 집중력을 유지하려고 할 때 우리를 방해하는, 가장 자주 맞닥뜨리게 되는 10가지 장애물에 대해 살펴볼 것이다.

집중을
방해하는

10가지
장애물

———————— • ————————

우리의 뇌는 종종 눈앞의 과업과 무관한
사소한 생각과 아이디어들로 가득 차 있다.
적절한 양의 스트레스는 도움이 되지만
뇌가 지쳐 있으면 집중은 거의 불가능하다.

주의력 관리에는 두 가지 측면이 있다. 하나는 지금 작업 중인 일에 전념하는 것이고, 다른 하나는 그 일에 내가 할애하는 시간 동안 계속 집중력을 유지하는 것이다. 계속 집중하려면 지금 나의 정신이 어떠한 상태인지 알아야 한다. 가령 피곤하고, 스트레스를 받고, 심적으로 동요가 있으면 집중하기 어렵다.

이렇듯 우리에게는 지속적으로 집중하는 것을 방해하는 무수히 많은 요인들이 있다. 이제부터 일상생활에서 집중력을 가장 크게 떨어뜨리는 10가지 원인을 살펴보도록 하자.

정신적 피로

뇌가 지쳐 있으면 집중은 거의 불가능하다. 주의가 분산되기 쉬운 터라 눈앞의 과업에 집중할 수 없다. 정신적 피로는 여러 원인이 있을 수 있지만, 가장 흔한 이유는 수면 부족이다. 적절한 시간에 잠자리에 든다 해도 밤새 뒤척이거나 수면의 질이 좋지 않다면 충분한 숙면을 했다고 볼 수 없다. 수면 시간이 짧거나 수면의 질이 좋지 않다면 뇌가 다음 날에 집중하기 위해 필요한 휴식을 제대로 취할 수 없다.

불안

불안은 무엇인가로 인해 불편함을 느끼는 감정이다. 우리의 뇌는 어떤 것이 제대로 되어 있지 않다는 신호를 감지하여 그 문제를 조사하고 해결하는 데 인지적 자원을 쓰는데, 이때 필요한 감정 중 하나가 바로 불안이다.

다만 종종 불안을 느끼는 이유를 파악하기 어려운 데 문제가 있다. 그 결과 뇌는 꼭 집어낼 수 없는 뭔가를 해결하려고 계속 애를 쓴다. 당연히 집중력에 부정적인 영향을 준다.

스트레스

적절한 양의 스트레스는 도움이 된다. 계속 깨어 있게 하고 각성

시키며, 심지어 이로 인해 집중력을 키워주기도 한다. 하지만 (아마도 당신을 비롯한) 많은 사람들이 만성 스트레스로 고통받고 있다. 끊임없는 불안 상태에 있는 것이다.

지속적인 스트레스의 원인은 다양하다. 어떤 사람은 하루가 자신의 뜻대로 관리되지 못할 때 스트레스를 받는다. 기한이 다가오지만 데드라인을 못 맞출 때 스트레스를 받는 사람도 있다. 때로는 이혼, 사별과 같이 인생에서 중차대한 사건을 겪어서 스트레스를 받을 수도 있다. 과도한 스트레스는 주의를 갉아먹는다. 스트레스를 많이, 오래 느낄수록 집중력은 급격하게 떨어진다.

간섭

뭔가에 집중하려 했지만 끊임없는 간섭(동료, 전화, 메시지 알람 등)으로 집중할 수 없었던 적이 있지 않은가? 이럴 때마다 집중력은 쉽게 깨지게 되어 매번 좌절하게 만든다. 간섭이 있을 때마다 일의 흐름이 깨질 뿐만 아니라 다시 집중하는 데 20분이나 걸린다. 그렇기에 무언가에 방해를 받으면 다시 집중하기가 그토록 어려운 이유다.

잡생각

우리의 뇌는 종종 눈앞의 과업과 무관한 사소한 생각과 아이디어로 가득 차 있다. 이러한 생각과 아이디어는 일종의 정신적인 잡동사니다. 여기저기 잡동사니가 널브러져 있는 환경에서는 집중이 어렵다. 우리의 생각도 마찬가지라서 잡다한 생각(오늘 점심 뭐 먹지? 어제 야구는 이겼을까?)이 많다면 집중하고 있다고 할 수 없다.

해결해야 할 문제

해결해야 하는 문제는 물이 새는 수도꼭지와 같아서 밤새 잠 못 들게 한다. 마음속 배경에 자리 잡고 있어 끊임없이 관심을 끈다. 해결된 상태로 얼른 처리하지 않으면 영원히 사라지지 않기 때문에 뇌가 시도 때도 없이 주의력 자원을 사용하게 된다.

가령 당신과 배우자가 지난밤에 대판 싸운 후 화해하지 않았다고 치자. 아니면 특정 부문의 성과가 저조하니 은퇴 자금의 투자 포트폴리오를 조정해야 한다고 치자. 이러한 해결해야 할 문제들이 머릿속에 남아 있으면 계속 신경이 거슬려 집중하기 어렵다.

계획 없음

명확하고 체계적인 계획이 없을 때 업무에 집중하기 어렵다. 이럴 때 뇌가 뛰어들어 이 간극을 채우려 든다. 문제는 뇌가 그런 일에 능숙하지 않다는 데 있다.

가령 쇼핑할 목록이 없는 채로 장을 보러 갔을 때를 떠올려보자. 분명 진열대 사이를 거닐며 무수히 많은 제품들을 훑어봤을 것이다. 이 과정에서 다양한 마케팅에 노출되어 시선을 뺏기고 충동구매를 할 확률이 높아지게 된다. 또한 쇼핑 목록이 있었으면 10분이면 충분했을 장보기가 훨씬 길어졌을 것이다. 계획이 없을 때 뇌는 해야 할 일을 효율적으로 처리하지 못하는, 집중력을 잃은 상태가 된다.

잡동사니

지금 내 주위의 작업 공간을 살펴보자. 깔끔한가 지저분한가? 정리가 잘 되어 있는가 아니면 뒤죽박죽인가? 업무 환경에 있는 잡동사니는 집중을 방해한다.

어떤 사람들은 너저분한 환경에서 일할 때 집중이 잘된다고 주장하지만 연구는 전혀 다른 답을 보여준다. 2011년,《신경과학 저널》Journal of Neuroscience에 '잡동사니가 주의 관리에 미치는 영향'을 조사한 논문이 실렸다.

"시야에 동시에 존재하는 복수의 자극들이 시각피질 전반에 걸쳐 자극으로 인한 활동을 상호 억압하여 신경 표상neural representation(신경세포들이 정보를 나타내는 양식-옮긴이)을 위해 경쟁하고, 시각 시스템의 제한된 처리 용량에 대한 신경 상관자neural correlate(정신 상태와 신경 상태의 관계로, 서로 결합해 특정한 의식적 자각을 일으키기에 충분한 최소한의 신경 메커니즘-옮긴이)를 제공한다."

이 어려운 말을 한마디로 정리하자면, 뒤죽박죽인 책상은 집중력을 저해한다는 것이다.

소셜미디어

놀랍게도 최근 연구에 따르면 소셜미디어는 집중력에 장기적인 영향을 미치지 않는다. 하지만 수많은 과거 연구 결과를 보면 부정적인 단기 영향을 미치는 건 확실하다.《인간 행동과 컴퓨터》Computers in Human Behavior라는 저널에 발표된 연구는 실험에 참여한

참가자들이 페이스북, 인스타그램, 엑스 및 기타 소셜미디어 사이트를 확인하지 않고서는 단 몇 분도 버티지 못하는 것을 적나라하게 보여주었다.

그토록 많은 학생이 공부나 과제를 한답시고 밤을 새우는 게 그리 놀라운 일은 아니다. 다양한 소식이 시시각각 올라오는 소셜미디어는 주의를 분산시키는 주요한 요인임이 분명하다. 업데이트된 피드나 나에게 온 알림을 확인하고 싶은 충동에 저항할 수 없다면, 주어진 과업에 집중하기가 매우 어려울 것이다.

스마트폰

우리가 스마트폰 액정을 쳐다보고 있지 않을 때조차 스마트폰이 집중에 방해가 된다는 건 놀랍지 않다. 스마트폰은 우리 곁에서 끊임없이 울리고 소리내고 진동하며 문자와 음성 메시지와 소셜미디어의 업데이트를 알려준다. 주의 관리 차원에서 볼 때 소리가 들리는 거리에 스마트폰을 두고 일에 집중하려고 애쓰는 건 실패하려고 작정한 것이나 다름없다. 스마트폰에서 알람 소리가 나거나 진동이 오면, 일단 호기심에 손이 가지 않을 수 없다. 알림을 무시하려 해봐도 일의 흐름이 깨지고 마음이 산만해지기 쉽다.

• • •

이제 지속적으로 집중하는 데 방해가 되는 가장 큰 장애물들이 무엇인지 알았으니 주의력을 자유자재로 통제하면 삶에 어떤 긍정적인 영향을 주는지 살펴보자.

"내게 필요한 것이라곤
한 잔의 차와 조명
그리고 음악뿐.
내가 반복해서 외우는 주문은
'집중과 단순함'
2가지이다."

_스티브 잡스 Steve Jobs

집중력이
개선되면

인생에 찾아오는
7가지 변화

———————— • ————————

집중력은 삶에 무수하게 영향을 준다.
한마디로 우리가 하는 모든 일에서
기대보다 낮은 결과를 낳는 주범은
바로 만성적인 집중력 결여다.

집중력은 삶에 무수히 많은 방식으로 영향을 준다. 작가, 예술가, 음악가라면 자신이 하는 일에 몰입하면 할수록 열정이 커지고 시간과 노력을 더 많이 투자하여 더 좋은 작품을 내놓게 된다. 교사와 교수는 학생들의 학업 수준을 끌어올리는 데 도움이 되는 강의와 과제, 시험을 준비하는 일이 더 수월해질 수 있다. 부모라면 자녀를 위한 재미있고 창의적인 아이디어가 더 자주 떠오를 것이다.

한마디로 우리가 하는 모든 일에서 기대보다 낮은 결과를 낳는 주범은 바로 만성적인 집중력 결여다. 이 점을 유념하고, 집중력을 자유자재로 통제할 수 있을 때 인생에 찾아오는 7가지 변화를 하나씩 살펴보자. 이전보다 좀 더 집중했을 뿐인데, 일의 완성도와 작업량과 타인과의 관계가 어떻게 드라마틱하게 바뀔 수 있는지 알아보자.

생산성 증가

집중력이 좋으면 주의를 분산시키는 요소들을 무시하고 일에 계속 전념할 수 있다. 따라서 눈앞의 과업에 완전히 빠져드는 몰입 상태에 도달하기가 더 쉬워진다. 몰입 상태에서 일하면 생산성이 높아진다. 주의를 마음대로 통제할 수 있고 집중을 방해하고 일의 흐름을 깨뜨릴 자극들을 차단할 수 있다. 그 결과 더 적은 시간에 더 많은 일을 해낼 수 있다.

관계 개선

집중력이 부족하면 학업이나 업무뿐 아니라 관계에도 부정적인 영향을 미친다. 일을 많이 벌여 놓고서 뭐 하나에도 집중하지 못한 채 허둥대게 된다면, 우리가 사랑하고 소중히 여기는 사람들에게 할애할 시간도, 에너지도, 주의력 자원도 턱없이 부족해진다. 주의력을 완전히 통제하는 법을 배우면, 친구와 가족과 함께할 때 오롯이 집중하게 된다. 인간관계에서 얻을 수 있는 교감, 신뢰, 친밀감 등 긍정적인 영향이 커지고, 그 결과 인생의 충만함을 더 많이 경험하게 된다.

비판적 사고력의 향상

비판적 사고는 학교에서 하는 일이 아니다. 비판적 사고를 잘하면 평생 도움이 된다. 가령 소설을 읽을 때, 스토리에 더 잘 빠져들 수 있다. 논픽션 글을 읽을 때는, 처음 보는 낯선 개념들을 이해하고 적용하는 일을 더 잘할 수 있다. 판단을 해야 하는 입장에 처할 때면(이를테면 자녀들의 다툼을 중재해야 할 때) 공정하고 이성적으로 판단하는 일을 더 잘할 수 있다. 비판적으로 사고하려면 집중력이 반드시 있어야 한다. 집중력을 완전히 통제할 수 있게 되면 비판적 사고력도 향상된다.

회복력의 향상

전문가들은 지능이 성공의 좋은 예측 변수가 아니라고 주장한다. 한 개인이 삶에서 불가피한 어려움을 극복할 것인지를 나타내는 최고의 지표 가운데 하나는 바로 회복력, 그릿이다. 그릿이 있으면 모든 일에서 성공할 가능성이 높아진다.

그릿은 날카로운 집중력을 요구한다. 그릿이 있으면 당면한 문제에 집중하고 더 많은 인지적, 신체적 자원을 문제를 극복하는데 투입할 수 있다. 누구나 살다 보면 언제라도 문제를 맞닥뜨리게 된다. 주의력을 자유자재로 통제하는 법을 배우면 좀 더 큰 회복력을 갖고 이런 문제들을 극복할 수 있게 된다.

결단력의 향상

결단력은 상황을 과도하게 분석하지 않고 의사결정을 내리는 능력이다. 충동적이라는 의미는 아니다. 그보다 처한 상황을 평가하고, 다양한 선택지를 고려하고, 자신감 있게 하나를 선택할 수 있는 것을 뜻한다.

당신이 교사든 군 장교든 기업 임원이든 전업주부든 결단력은 아주 중요한 기술이다. 중요한 건 결단력도 키울 수 있는 기술이라는 사실이다. 이를 위해 반드시 있어야 할 한 가지 중요한 요소는 주의력을 완전히 통제할 수 있는 능력이다. 자신감 있게 주저하지 않고 좋은 의사결정을 내릴 수 있는 능력을 갖추려면 당면한 문제에 집중할 수 있어야 한다.

새로운 정보에 대한 기억력 향상

누군가의 이름, 익숙하지 않은 개념, 혹은 목적지로 가는 최선의 경로와 같은 새로운 디테일이 잘 기억나지 않았던 적이 있는가? 물론이다. 누구나 그런 경험이 있다. 정보를 기억하는 능력에 많은 요인이 영향을 준다. 이를테면 스트레스 수준, 매일 밤 취하는 수면의 양 등이 있다. 평소 에너지 수준은 식단, 운동, 신체 질병에 의해 영향을 받는다.

그렇다면 새로운 정보의 기억에 미치는 가장 큰 영향은 집중력을 통해 나타난다고 할 수 있다. 집중력은 방해 요소들을 무시하고, 머릿속에 안개가 낀 것처럼 멍하고 답답한 증상인 '브레인 포그'brain fog를 없애고, 기억하고자 하는 디테일에 집중할 수 있게 하는 힘이다.

자신감의 상승

방금 살펴본 6가지 혜택을 다시 보라. 이 모든 것을 경험할 정도로 주의력을 완전히 통제할 수 있게 되었다고 상상해보라. 그런 상태가 당신의 자신감에 어떠한 영향을 미칠까? 아마 마음먹은 것은 무엇이든 해낼 수 있는 것처럼 느껴질 것이다. 생산성이 증가하고, 관계가 개선되고, 비판적 사고 능력과 회복력이 개선되고, 의사결정 능력과 기억력도 개선되는 효과를 누린다고 상상해보라. 새로운 과업이나 프로젝트를 맡을 때마다 더 큰 자기 확신을 느끼게 될 것이다.

· · ·

이제 집중력이 있느냐 없느냐에 따라 삶이 천지 차이로 달라짐을 알게 되었을 것이다. 필요할 때 집중할 수 있는 능력이 있으면 여러 면에서 삶이 좀 더 보람될 수 있음을 깨달았을 것이다. 이제 당신이 정말 집중력 문제가 있는지, 있다면 얼마나 심각한지 알아보자.

"할 수 있는 것에
집중하고,
할 수 없는 것을
후회하지 말아라."
_스티븐 호킹Stephen Hawking

집중력

자가 진단
체크리스트

———————— • ————————

**여기 15개의 항목이 있다.
당신이 얼마나 집중하기 어려워하는지
이제 각 체크리스트에
점수를 매기며 알아보자.**

우리 대부분이 집중력 문제를 어느 정도 겪고 있다고 말할 수 있다. 스마트폰 앱부터 인터넷까지 우리 주변에는 주의를 빼앗는 자극이 너무 많아 장시간 주의를 관리하는 일은 해결되지 않는 숙제다. 그렇다 해도 집중력 문제를 유독 더 심각하게 겪는 사람들이 있다. 그런 사람들은 방해 요소에 더 쉽게 주의를 빼앗긴다. 문자, 이메일, 소셜미디어의 알람에 반응하느라 더 중요한 일을 제쳐두곤 한다.

이제 당신이 얼마나 집중하기 어려워하는지 알아보자. 아래에 15개의 항목이 있다. 각 문장이 당신의 생활을 얼마나 잘 묘사하고 있는지 5점 척도로 점수를 매긴다. 1점은 당신이 이 문장에 전적으로 동의한다는 뜻이다. 5점은 당신과 전혀 맞지 않는다는 뜻이다. 마지막에 점수를 합산하여 당신이 집중력 문제를 얼마나 심각하게 겪고 있는지 판단할 수 있다.

- 일하고 있을 때 불안하거나 안절부절못한다. _____점
- 동시에 여러 개의 일이나 프로젝트를 한다. _____점
- 자주 중요한 디테일을 놓친다. _____점
- 하루를 계획하지 않는다. _____점
- 빨리 지루해한다. _____점
- 쉽게 주의가 흐트러진다. _____점
- 회의 중에 딴생각을 한다. _____점
- 매일의 목표를 설정하지 않는다. _____점
- 멍하고 잘 잊는 경향이 있다. _____점
- 업무 공간이 잡동사니로 가득하다. _____점
- 일하는 동안 일과 무관한 생각이 끊임없이 떠오른다. _____점
- 대화 중 사람들이 하는 말에 집중하기가 힘들다. _____점
- 아침, 오후, 저녁을 정해진 루틴에 따라 보내지 않는다. _____점
- 소지품을 어디에다 두었는지 자주 잊는다. _____점
- 회의와 약속에 자주 늦는다. _____점

총점이 **60에서 75점 사이**라면, 대부분의 사람보다 주의력을 잘 통제하고 있다는 뜻이다. 방해 요소를 쉽게 무시할 수 있으며, 눈앞의 과제나 프로젝트에 관심이 있다면 근무 중 몰입 상태에 쉽게 도달할 수 있다.

45점에서 59점 사이라면, 주의력을 비교적 잘 관리하고 있지만, 집중력을 꾸준히 유지하는 게 여전히 어려운 상태다. 이 책을 읽다 보면 집중력을 높이는 데 반드시 도움이 되는 방법을 배울 수 있게 될 것이다.

30점에서 44점 사이라면, 계속해서 집중하기가 항상 어려운 상황이라는 뜻이다. 평소 일, 공부, 활동에 집중하기가 힘들다. 사람들이 당신에게 하는 말을 놓치곤 한다. 주변 환경에 있는 방해 요소들에 대해 극도로 예민하기 때문에 장시간 집중할 수가 없다.《잃어버린 집중력 구하기》를 읽으며 배우게 될 집중력 시스템을 적용하면 삶의 여러 부분들이 두드러지게 좋아질 것이다.

30점 미만이라면, 해야 할 일이 많다. 당신은 주의력을 완전히 통제하기 위해 이 책에 나온 방법을 꾸준히 실천해야 한다. 희소식이 있다면, 꼭 필요한 유일한 가이드북을 이미 손에 쥐고 있다는 것이다. 이 책을 다 읽을 즈음이면 날카로운 집중력을 발휘하는 데 필요한 도구들을 갖추게 될 것이다. 당신이 학생이든 교수든 기업 관리자든 기업가든 전업주부든 주의력을 자유자재로 통제하면 원하는 생활 양식을 설계하는 데 도움이 된다.

• • •

이제 방해 요소들을 퇴치하고 날카로운 집중력을 계발하기 위해 집중력 시스템을 설계하는 법을 하나씩 살펴볼 것이다. 언제 어디서나 내가 원할 때 집중할 수 있는 능력은 최적의 집중력을 발휘할 수 있는 환경에서 시작한다. 다음 파트에서는 집중력 시스템에 영향을 주는 요인을 하나씩 점검하며, 나만의 집중력 시스템을 설계할 수 있게 도와줄 것이다.

FAST FOCUS

PART 2

**언제 어디서나 집중할 수 있는
시스템을 구축하는 법**

장시간 집중할 수 있는지를 결정짓는 데 집중력 시스템이 있는지가 큰 역할을 한다. 집중력 시스템이 잘 구축되어 있다면 좀 더 쉽게 방해 요소들을 피하고, 일에 집중하고, 몰입 상태에 도달하는 데 도움이 된다. 집중력을 끌어올리지 못하는 환경에서는 잠깐을 제외하곤 주의를 관리하는 게 거의 불가능하다.

이제부터 집중력 시스템에 가장 큰 영향을 주는 환경 요인들을 살펴볼 것이다. 이러한 요소를 점검하고, 체계적으로 집중력 시스템에 넣는다면, 얼마나 쉽게 일에 집중할 수 있고 얼마나 효율적으로 일을 완수할 수 있는지 깨닫고 놀라게 될 것이다.

적절한
빛과

조명이
있는가?

———————————— • ————————————

주의력을 관리하려면 적절한 조명이 필요하다.
조명이 어두우면 일하는 사람의 기분,
집중력, 생산성에 부정적인 영향을 미친다.
아울러 가능한 한 자연 조광을 활용하라.

집중력을 관리하려면 적절한 조명이 필요하다. 많은 연구를 통해 청소년들이 조명이 밝은 환경에서 공부할 때 더 잘 집중하는 것으로 드러났다. 같은 효과가 사무실에서 근무하는 성인들에게서 관찰될 수 있다. 조명이 어두우면 일하는 사람의 기분, 집중력, 생산성에 부정적인 영향을 미친다. 밝은 곳에서 일하면 기분도 좋고 더 적극적으로 업무에 임하여 집중하기가 수월해진다.

조명이 제대로 갖춰지지 않은 곳에서 새로운 자료를 읽으려 했던 경험을 떠올려보라. 단락을 기억하거나 새로운 개념을 이해하기가 어렵지 않았던가? 주의력이 떨어지거나 졸리기 시작하지 않았던가? 눈의 피로가 느껴져 자료에 집중하기가 어렵지 않았던가? 이것이 조명이 제대로 갖춰지지 않은 일터에서 일할 때 예상되는 현상이다.

대학 시절, 나는 학교 도서관에서 공부하곤 했다. 문제는 도서관 조명이 아주 어두웠다는 데 있다. 열심히 해야지 마음먹고 도서관에 가서 자리를 잡고 앉은 후 30분이 지나면 나는 어김없이 허공을 바라보고 있었다. 때때로 잠이 들기도 했다.

이 문제 때문에 새로운 자료를 읽거나 시험공부를 하는 데 필요 이상으로 긴 시간이 걸렸다. 나는 도서관에서 오랫동안 열심히 집중하고자 애를 썼지만 결국 대부분의 시간을 낭비한 것이다. 주의력을 완전히 통제하는 법을 모르고, 조명이 집중력에 미치는 영향을 이해하기 훨씬 전 경험담이다.

일하려고 자리를 잡을 때, 주변 환경에 있는 불빛의 양을 확인한다. 충분히 밝지 않으면, 다른 장소로 옮긴다. 아울러 가능한 한 자연 조광을 이용한다. 여러 연구에 따르면 자연광은 직장 내 수행과 생산성을 높여준다.

"당신이 하고 있는 일에
온 정신을 집중하라.
햇빛은 한 초점에 모아질 때만
불꽃을 내는 법이다."

_알렉산더 그레이엄 벨Alexander Graham Bell

고요함보다는

적당한 소음이
낫다

——————— • ———————

어떤 사람들은 집중하려면
절대적인 침묵이 필요하다.
하지만 적절한 소음은 오히려
집중에 도움이 되기도 한다.

공부하거나, 할 일을 할 때 근처에서 들려오는 소음은 무엇이든 당신의 집중력을 약화시킬 수 있다. 누군가의 목소리 때문에 일에 집중하지 못할 수도 있다. 수도꼭지에서 똑똑 떨어지는 물소리 때문에 밤잠을 설친 것처럼, 반복해서 들려오는 클릭 소리에도 쉽게 주의를 빼앗길 수 있다.

배경 소음 때문에 일에 계속 집중하는 것이 불가능할 수 있다. 이럴 때 모든 종류의 소음이 문제인지 아니면 특정 소음만이 문제인지 스스로 판단해야 한다.

가령 대화 소리에는 주의를 쉽게 빼앗기지만 클래식 음악을 들을 때는 오히려 집중이 더욱 잘 될 수 있다. 비디오 게임에서 간헐적으로 나오는 소리에는 쉽게 주의를 빼앗기지만 지속적으로 들려오는 건물의 에어컨 소리는 괜찮을 수 있다.

어떤 사람들은 집중하려면 절대적인 고요가 필요하다. 하지만 적절한 소음이 집중에 도움이 되거나, 소음에 대해 다른 사람에 비해 덜 예민한 사람들도 있다. 또 어떤 사람은 주변에서 끊임없이 북적거리는 소리가 들려야 집중이 가장 잘 된다고 한다.

사람마다 다 다르다. 그러니 어떤 것이 당신에게 가장 좋은지 알기 위혜 여러 종류의 배경 소음들로 실험을 해보라. 소음의 종류는 아래와 같이 크게 세 가지로 분류할 수 있다.

- **백색 소음white noise : 넓은 주파수 범위에서 일정한 주파수 스펙트럼으로 전달되는 소음. 바람 소리와 가전제품에서 나는 소리가 대표적이다.**

- **분홍색 소음pink noise : 백색 소음보다 덜 거슬리는 낮고 깊게 울리는 저주파 소음. 빗방울 소리나 심장박동 소리가 이에 해당된다.**

- **갈색 소음brown noise : 백색 소음이나 분홍색 소음보다 더 낮은 음역대의 소음으로 제트기 소리나 강풍 소리가 이에 해당된다.**

소음의 종류를 인지하고선 아래 질문에 답을 해보자.

1. 우선, 완전히 조용한 상태에서 30분간 일한다. 이때 집중이 잘 되는지 아닌지 기록한다.

2. 바로크 음악(예를 들어 바흐, 비발디)을 들으면서 30분간 일한다. 이때 당신의 집중도에 대해 살펴본다.

3. 백색 소음, 갈색 소음, 분홍색 소음을 배경에 깔고 일한다. 당신의 소음 환경에 따라 집중력이 각각 어떻게 달라지는지 비교한다.

이렇게 비교해서 실험하는 것의 핵심은 기록을 통해 결과를 비교할 수 있게 하려는 것이다. 결국 당신에게 가장 잘 맞는 배경 소음이 무엇인지 알게 될 것이다.

해야 할 일에 따라 집중이 잘 되는 소음의 정도는 바뀔 수 있다. 가령 에세이를 쓰거나 초상화를 그리는 등 창작 활동을 하고 있다면, 재즈 연주곡을 들으면서 작업하면 집중력이 더 올라갈 수 있다. 하지만 새로운 자료를 학습하고자 할 때는 조용한 게 최선이다.

자신에게 잘 맞는 배경 소음을 찾는 유일한 방법은 실험이다. 당신은 환경 속 배경 소음을 통제할 수 있다. 배경 소음이 마음에 들지 않으면, 주의력을 관리하는 데 가장 크게 도움이 되는 배경 소음을 만드는 환경을 찾아갈 수 있다.

집중하기 위한

최적의 환경으로
바꾸는 법

———————— • ————————

편안함이 집중력에 영향을 준다는 건
그리 놀라운 사실이 아니다.
의자나 책상이 불편하면 장시간
집중하는 게 거의 불가능하다.

편안함이 집중력에 영향을 준다는 건 놀랍지 않다. 의자 때문이든, 책상의 위치 때문이든, 아니면 신체적 질병 때문이든 불편하면 장시간 집중하는 게 거의 불가능하다. 어떤 요소들이 일하는 동안 편안함을 더해주거나 방해하는지 아래의 체크리스트를 보며 생각해보자.

- 의자와 책상의 높이가 적합한가?
- 신발 크기와 착용감이 편안한가?
- 입고 있는 옷에 불편한 점은 없는가?
- 앉는 자세는 올바른가?
- 쉼 없이 얼마나 오래 앉아 있는가?
- 모니터가 당신의 눈높이에 맞는가?

이러한 요소들이 당신이 작업대 혹은 책상에서 편안함을 느낄지 못 느낄지를 결정한다. 당신이 현재 집중하려는 환경이 편안한지의 여부가 당신이 집중할 수 있는지 결정짓는 데 중요한 역할을 한다.

각각의 요소를 자신의 환경에 비추어 고려해본다. 의자는 앉았을 때 편안한가? 작업대나 책상의 높이가 올바른 높이로 설정되어 있는가? 일할 때 팔이 90도 각도가 되는가? 신발이 너무 꽉 죄거나 불편하지는 않는가? 옷은 적당히 맞는가? 다음으로, 자세를 살펴본다.

- 어깨는 쫙 펴고 등은 곧게 펴 있는가?
- 등이 의자의 등받이에 닿는가?
- 발이 바닥에 완전히 닿은 상태인가?
- 무릎은 90도 각도인가?
- 체중이 양 엉덩이에 골고루 분배되는가?
- 앉아 있는 동안 등이 심하게 굽지는 않았는가?

특히 장시간 앉아서 공부를 하거나 업무를 하는 현대인에게는 앉았을 때의 편안함이 중요하다. 다음 질문을 통해 의자를 고려해본다.

- 너무 푹신해서 졸음이 오는가?
- 의자 바퀴가 고정되지 않아 발과 코어 근육을 사용해야 하는가?
- 등과 엉덩이를 충분히 받쳐주는가?
- 통기성이 좋은가?
- 올바른 자세를 취할 수 있는가?
- 팔걸이, 등받이를 신체의 필요에 맞게 조절할 수 있는가?

의자 다음으로 중요한 것은 모니터의 위치이다. 모니터와 눈 사이의 거리를 측정한다. 이상적인 거리는 61~91센티미터 정도다. 모니터의 상부가 당신의 시선과 같은 높이여야 한다. 모니터가 당신의 시선보다 단 몇 센티미터라도 높거나 낮다면, 목에 부담이 가고 눈이 피로해진다. 피곤한 상태에서는 집중력이 더욱 쉽게 깨진다.

또한 장시간 앉아 있으면 인체공학적 의자에 앉든 올바른 자세를 유지하든 최적화된 작업 공간을 갖고 있든 상관없이 불편함을 느낄 수 있다. 그럴 때는 30분마다 일어나서 스트레칭을 하거나 잠시 산책을 한다. 그렇게 하면 목과 어깨의 긴장이 풀어져 집중할 준비가 된 상태에서 상쾌한 기분으로 업무에 복귀할 수 있다.

"제대로 집중하면
6시간 걸릴 일을
30분 만에 끝낼 수 있지만,
그렇지 못하면
30분이면 끝낼 일을
6시간 해도 끝내지 못한다."

_알베르트 아인슈타인Albert Einstein

덥거나 추울 때
신경 쓰지 않고

계속 집중력을
유지하는 법

———————— • ————————

지나치게 덥거나 추우면
집중하기 어렵다.
주위 온도를 마음대로 할 수 없다면
신체 온도를 관리하면 된다.

업무 공간이 지나치게 더우면 집중할 수 없다. 내가 저지르지 않은 범죄로 재판에 불려 가는 일생일대의 위기 상황일지라도 법정이 너무 덥다면 나도 모르게 꾸벅꾸벅 졸 수도 있다. 그 정도로 더운 환경은 집중에 방해가 된다.

대학 시절 교수님 가운데 한 분이 강의실이 따뜻한 걸 좋아하셨다. 하루는 내가 조는 걸 보시고는 대놓고 말씀하셨다. "데이먼, 수업 시간에 매일 조는군. 혹시 집에 무슨 문제라도 있어?" 당시나는 난방을 줄여달라는 말을 해야 한다는 생각이 미처 들지 않았다.

2015년, 채용 웹사이트인 '커리어빌더'CareerBuilder의 후원으로 수천 명을 대상으로 사무실의 온도가 생산성에 미치는 효과에 대해 묻는 설문 조사가 실시되었다. 응답자의 25퍼센트가 사무실이 너무 덥다고 말했고, 23퍼센트는 너무 춥다고 했다. 전체 응답자 중 71퍼센트는 지나치게 더운 사무실에서 일하는 게 그들의 생산성에 부정적인 영향을 준다고 했다. 또 53퍼센트는 지나치게 추운 사무실에서 일하는 게 부정적인 영향을 준다고 답했다.

이러한 조사 결과는 10여 년 전 코넬대학교에서 실시한 연구 결과와 유사하다. 이 연구를 통해 가장 적절한 주변 온도가 20도에서 25도 사이인 것이 밝혀졌다. 그 온도 범위에서 일할 때 노동자들은 최고의 생산성을 보였고 최소한의 실수를 범했다. 온도가 20도보다 낮아지거나 25도보다 높아지자 생산성은 떨어지고 오류율도 상승했다.

분명 작업 공간의 온도는 집중해서 생산적으로 일하는 능력에 큰 영향을 미칠 수 있다. 그러니 핵심은 온도를 관리하는 법을 아는 것이다. 당신이 일하는 환경의 온도를 항상 마음대로 조절할 수 있는 것은 아니다. 그러니 집중하기 위해 온도를 조절해야 할 때 다음과 같은 대안을 고려해볼 수 있다.

- **옷을 겹으로 입는다. 그러면 너무 더울 때 옷을 벗어서 체온을 조절할 수 있다.**

- 덥다면 작은 선풍기를, 추우면 히터를 사용한다.

- 체온을 내리기 위해 얼음물을 마신다.

- 작업 공간이 덥다면 백열전구가 아닌 LED 전구를 사용한다.

- 바깥 공기가 차가운데 실내가 더울 경우에는 창문을 열어둔다.

- 실내 온도가 낮다면 가벼운 담요나 스웨터를 가져다 둔다.

- 추울 때 얇은 스카프를 목에 두른다.

목표는 내 신체 온도를 정신을 차리고 집중할 수 있는 정도로 만드는 것이다. 위의 아이디어를 이용하여 필요에 따라 자신의 체온을 낮추거나 높일 수 있다.

신선한
공기는

뇌를
깨운다

————————— • —————————

탁한 공기는
집중력에 부정적인 영향을 준다.
도서관 공기는 십중팔구 나쁘니
쉬는 시간에 도서관에 쳐박혀 있지 마라.

실내 공기가 바깥 공기보다 더 오염될 수 있다면 믿을 수 있겠는 가? 미국 환경보호청Environmental Protection Agency, EPA에 따르면 슬프게도 흔히 일어나는 현실이다. 복사기, 프린터, 가구 및 바닥재와 페인 트에서 발견되는 다양한 화학 물질들에서 오염 물질이 방출된 다. 또한 연구에 따르면 높은 수준의 이산화탄소에 장시간 노출 되면 노동자의 업무 수행에 부정적인 영향을 준다고도 한다.

이러한 오염 물질은 육안으로 볼 수 없기 때문에 우리는 좀처럼 알아채지 못한다. 하지만 이러한 오염 물질로 인해 많은 사람들 이 두통, 피로감, 메스꺼움과 같은 다양한 신체적 증상을 호소한 다. 일부는 극심한 알레르기 반응도 유발한다.

오염된 실내 공기는 집중력에 부정적인 영향을 주고 생산성을 끌어내린다. 미국 직업안전보건청Occupational Safety and Health Administration,

OSHA에 따르면, 기업들은 탁한 공기 질에서 비롯된 노동자의 업무 비효율성과 병가로 인해 연간 150억 달러의 손해를 입는다고 한다.

그렇다면 당신은 실내 공기 정화를 위해 무엇을 할 수 있을까? 사무실에서 일한다면 환기 시스템에 대해 당신이 할 수 있는 일이 거의 없다. 최선의 선택은 자주 바깥 공기를 쐬는 것이다. 잠시 밖을 나서서 걷고, 햇볕을 쐬고, 신선한 공기를 마셔라. 자주 휴식을 취하면 지나치게 오래 앉아 있는 걸 방지하게 되니 일석이조인 셈이다.

대학생이라면 시간표에 따라 유연성이 좀 더 클 수 있다. 공강 시간에 밖으로 나가 휴식을 취한다. 도서관 공기는 십중팔구 나쁘니 쉬는 시간에 도서관에 처박혀 있지 마라. 공부를 해야 하면 야외에서 인적이 드문 장소를 찾는 것도 방법이다.

기업인, 프리랜서, 전업주부라면 더 자유롭다. 물론 예외도 있지만 원할 때마다 주변 환경을 바꿀 수 있다. 자주 휴식을 취하고 밖으로 나가 신선한 공기를 마시는 것을 습관으로 들이면 좋다.

집중이 잘 되는 신선하고 맑은 공기를 위해 할 수 있는 일이 제한적이라 해도 어쨌든 선택지가 있다는 게 중요하다. 그러면 탁한 공기 질이 당신의 주의력을 갉아먹으려 할 때조차 더 잘 집중하고 방해 요소들을 더 잘 퇴치할 수 있게 될 것이다.

"많은 사람이
큰일을 해내지 못하는 까닭은
집중력이 부족하기 때문이다."

_존 록펠러 John Rockefeller

집중력을 높여주는
향을 통해

정신을
환기하는 법

———————— • ————————

향과 냄새는 우리의 기분에
큰 영향을 미친다.
그렇기에 계속 집중력을 유지할 때
적절히 향을 이용하면 좋다.

주의를 빼앗는 냄새가 있는가 하면 집중에 도움이 되는 냄새도 있다. 가령 코를 찌르는 듯한 비린내를 맡으며 일하려고 애쓴다고 상상해보자. 아마도 집중하기가 힘들 것이다. 비린내 자체는 괜찮을 수 있더라도 냄새가 너무 강하면 집중을 방해하는 요인이 된다.

반대로 페퍼민트나 시나몬 향을 맡으며 일한다고 생각해보자. 상상만으로도 집중이 더 잘될 것 같지 않은가? 이러한 향은 집중에 도움이 되는 것으로 이미 알려져 있다. 향과 냄새는 기분에 긍정적이거나 부정적으로 영향을 준다. 그 결과, 주의를 관리하고 주어진 과업에 계속 집중하는 능력과도 관련이 있다.

대부분 이 사실을 직관적으로, 또는 경험을 통해 알고 있다. 하지만 기분을 개선시키고 집중에 도움이 되며 생산성을 높여주는 향이 있다는 걸 아는 사람은 드물다. 집중력에 도움을 주는 향을 아래에서 몇 가지 소개하겠다.

- **페퍼민트**
- **시나몬**
- **솔향기**
- **로즈메리**
- **바질**
- **시트러스**
- **라벤더**
- **사이프러스**

이러한 향들은 머리를 개운하게 정신을 환기시키고 피로를 예방하는 데 도움이 된다고 알려져 있다. 예컨대 로즈메리는 머리를 맑게 하여 집중력을 방해하는 요소들에 대한 취약성을 줄여준다. 페퍼민트는 뇌를 자극하여 집중력을 높여준다. 시트러스와 시나몬은 정신적 피로감을 줄여주고 기분을 좋게 한다.

그렇다면 집중이 되지 않을 때 이러한 향을 맡으려면 어떻게 내 주위 시스템을 만들면 좋을까? 간단하게 집중력을 높여주는 향이 포함된 향초나 오일, 인센스를 사용하면 된다. 물론 근무 환경에 따라 이러한 제품을 사용할 수 없을 수도 있다. 가령 다른 사람과 사무실을 공유하면, 향초를 피우거나 향이 나는 오일이나 인센스를 사용하기 힘들 수 있다.

이럴 때는 수건을 이용하면 간단하게 해결된다. 집중력을 끌어올리고 싶을 때, 수건에 향이 나는 오일을 몇 방울 떨어뜨려 코밑에 대고 숨을 들여 마시면 된다. 물론 위에서 말한 향초, 오일, 인센스를 마음껏 사용할 수 있는 환경이라면 위에서 제시한 향들로 집중력의 향상 정도를 시험해보자. 어떤 향이 당신의 집중력에 가장 큰 영향을 주는지 알아보는 것이다.

도서관이나 카페와 같은 공공장소에서 많은 시간을 보낸다면, 향초나 인센스를 사용할 수 없을 것이다. 집중을 방해하는 냄새에 둘러싸여 있다면, 그저 자리를 옮기는 게 최선이다. 예컨대 옆자리의 남자가 운동을 한 후 씻지 않고 도서관에 왔다고 상상해보라. 아니면 옆 테이블의 여성이 온몸을 향수로 도배를 했다고치자. 이럴 때는 그 장소를 벗어나 다른 곳에 가서 일하는 게 최선이다. 집중을 방해하는 냄새를 맡으면서 제대로 일하는 건 불가능하다.

"내가 성공할 수 있었던 것은
맹렬하게 몰두했기 때문이다."

_코코 샤넬Coco Chanel

주변 사람들이

자꾸 거슬리고
방해가 될 때

———————— • ————————

집중하려고 애쓰지만
주변 사람들로 인해
주의가 흩어질 때
어떻게 대처하면 좋을까?

대화, 웃음소리, 아이들이 노는 소리는 집중을 방해한다. 앞서 언급했듯이 우리는 사회적 동물로, 우리의 뇌는 타인에게 관심이 가게끔 프로그래밍 되어 있다.

사람들이 말하는 소리를 들으면, 대화의 주제가 무엇인지 궁금해진다. 아이들이 노는 소리를 들으면, 나도 모르게 눈길이 간다. 솔직히 말하자면 집중을 하는 중이더라도 대화가 들리면 꽤 많이 엿듣게 된다. 웃음소리가 들리면, 도대체 왜 웃는 건지 어김없이 궁금하다.

안타깝게도 이런 본능적인 성향은 주의력을 완전히 통제하는 걸 꽤 어렵게 만든다. 당신이 보고 싶은 최신 영화에 대해 동료들이 떠드는 소리를 엿들으면서 일에 집중하려고 애써본 경험이 있는가? 아마도 주의가 온통 동료들이 하는 대화로 쏠려 눈앞의 일은 뒷전으로 밀렸을 것이다.

집중하려고 애쓰지만 주변 사람들로 인해 주의가 흩어질 때 대처하는 방법은 무엇일까? 여기 몇 가지 아이디어가 있다.

- **다른 장소로 옮긴다.**
- **소음 차단 기능이 있는 제품으로 귀를 막는다.**
- **연주곡이나 백색 소음을 듣는다.**
- **잠시 밖으로 나가 휴식을 취하며 책상에 돌아갔을 때 떠드는 사람들이 사라졌길 바란다.**

불필요한 소음을 내는 사람들에게 목소리를 낮추거나 다른 곳으로 이동해달라고 부탁할 수도 있지만, 이 방법은 별로 효과적이지 않다. 그들이 화를 내며 불쾌한 반응을 보일 수 있고, 고집스럽게 당신의 부탁을 들어주지 않을 수도 있다.

타인이 발생시키는 소음의 정도를 통제하기가 훨씬 쉬운 환경에서는 이러한 부탁이 효과가 있을 수도 있다. 예를 들어, 배우자가 집에 있다면, 정해진 시간 동안 방해하지 말라고 부탁할 수 있다.

타인과 함께하는 환경에서 일한다면 선택지가 줄어들 수밖에 없다. 당신은 조용한 환경이 필요하지만 그들은 이에 무신경할 수 있다. 그런 경우 자리를 옮기고, 소음 차단용 헤드폰을 쓰고, 마음이 차분해지는 연주곡을 듣고, 잠시 휴식을 취하는 게 최선의 선택이다.

생산성을
200퍼센트
끌어올리는

공간 배치법

─────────── • ───────────

**어떻게 하면 일에 집중할 수 있도록
작업 공간을 배치할 수 있을까?
정신적으로 숨 쉴 여유가 있도록
근무 공간을 정리하는 것부터 시작이다.**

일하거나 공부하는 작업 공간을 어떻게 배치하느냐도 집중력에 영향을 미친다. 책상, 파일용 캐비닛과 각종 가구들이 출입문과 창문의 위치에 비추어 어떻게 배치되어 있는가가 집중할 수 있을지 없을지를 결정한다. 가령 사무실이 비좁다면 공간이 좁아서 답답한 마음이 들면서 집중력이 떨어진다.

당신의 책상이 사람들이 지나다니는 길에 맞닿은 창문을 바라보고 있다면 사람들이 끊임없이 오가는 모습이 시야에 자꾸 들어오니 집중할 수 없게 된다. 혹은 사무실 출입문을 등지고 앉아 있다면 어떨까? 문을 열어두면 누군가 내 모니터를 어깨너머로 들여다볼 수 있다는 생각에 내내 신경이 거슬리며 이 또한 집중력을 깨뜨릴 수 있다.

어떻게 하면 일에 집중할 수 있도록 작업 공간을 배치할 수 있을까? 아래와 같은 아이디어가 도움이 될 수 있다.

- 필요 없는 가구는 치운다. 거의 사용하지 않는 소파가 사무실에 있다면 과감하게 없앤다. 확보된 여유 공간을 통해 정신적인 여유가 더 생길 것이다.
- 동선을 효율적으로 만드는 방식으로 가구를 배치한다. 가령 책상과 출입문 사이에는 어떠한 장애물도 없는 게 좋다.
- 사무실에 도착하는 모든 택배나 잡동사니를 모아두는 장소를 지정한다.
- 빛이 충분히 들어오게 한다. 머리 위 조명이든 책상 위 스탠드 조명이든 집중력을 유지하려면 적절하고 충분한 조명은 필수다.
- 책상 서랍을 정리하여 클립, 고무줄, 스탬프 등 물건의 정확한 위치를 알아둔다.
- 책상 위에 있는 불필요한 책을 치우거나 책꽂이에 꽂아둔다.
- 펜과 연필, 가위 등을 한곳에 담아둔다.
- 휴지통은 되도록이면 큰 것을 사용한다. 휴지통이 클수록 일하다 말고 휴지통을 비우느라고 흐름이 깨질 일이 줄어든다.
- 작업 공간은 오직 일만을 위한 공간으로 사용한다. 전화, 아이패드, 킨들 등 주위를 뺏는 기기들은 모두 다른 곳에 둔다.
- 서류를 보관하기 위해 서류용 캐비닛을 사용한다면 에버노트, 드

롭박스, 구글 드라이브 같은 온라인 서비스를 이용하여 클라우드에 모든 기록을 저장하는 걸 고려해본다. 목표는 캐비닛이 차지하고 있는 공간을 없애고 다른 용도로 사용하는 것이다.

정리가 잘 되어 있을수록 집중을 더 잘한다. 정신적으로 숨 쉴 여유가 있도록 작업 공간을 정리할 것을 강력하게 권한다. 그렇게 하면 주의력을 관리하고 방해 요소들을 퇴치하기가 훨씬 더 수월해질 것이다.

정리되지 않은
책상에서

집중은
불가능하다

———————— • ————————

책상 위의 널브러진 온갖 잡동사니는
당신이 의식하지 못한 사이 집중력을 깨뜨린다.
설상가상으로 정보를 처리하는
뇌의 능력도 떨어뜨린다.

책상에 앉아 일할 준비를 하고 있다고 상상해보자. 계획적으로 잘 작성한 해야 할 일 목록을 가지고 일을 열심히 할 동기가 충만해져 있다. 오늘은 왠지 엄청나게 생산적인 하루가 될 것 같다.

그런데 할 일을 하려고 책상 앞에 앉으니 책상 위에 널려 있는 잡동사니가 눈에 들어온다. 각종 펜과 문서, 스테이플러, 자, 클립 더미, 고무줄이 여기저기 널려 있다. 이미 파일에 넣어두거나 폐기했어야 하는 서류들이 어지럽게 흩어져 있다. 더 최악으로 몇 주째 열어보지도 않은 책과 잡지도 쌓여 있다. 이런 잡동사니 어딘가에 키보드가 숨어 있다. 사실 그것도 확실하지 않다. 그러길 바랄 뿐이다.

이런 상태에서는 처음에 마음먹은 일할 의지가 서서히 사라지는 걸 느낄 수 있다. 온갖 잡동사니가 주의를 산만하게 하여, 해야 하는 일에 바로 집중하기가 어렵다. 머릿속에서 이렇게 엉망진창인 책상은 도저히 용납할 수 없다고 말하는 소리가 사라지지 않는다.

당신만 이런 일을 겪는 게 아니다. 수백만의 사람들이 엉망인 책상에서 일하느라 고생한다. 안타깝게도 연구에 따르면, 이런 환경은 집중력을 심각하게 떨어뜨린다.

잡동사니는 우리가 인지하지도 못하게 야금야금 주의를 빼앗는다. 설상가상으로, 정보를 처리하는 뇌의 능력을 떨어뜨린다. 기억력도 이해력도 나빠진다. 새로운 자료를 흡수하는 속도가 느려진다. 이것이 집중력에 어떠한 영향을 미칠지, 그리고 결과적으로 하는 일의 완성도와 생산성에 어떠한 영향을 미칠지 쉽게 상상할 수 있을 것이다.

잡동사니는 집중력을 깨뜨리기 때문에 근무 공간에서 최대한 많은 잡동사니를 치우는 게 좋다. 여기 일단 시작하기 좋은 몇 가지 방법이 있다.

- **정해진 시간 내에 일을 완수하기 위해 필요할 물건만 손에 닿는 곳**

에 둔다.

- 책상 위의 잡동사니를 하나의 상자에 모두 담아 일단 눈앞에서 치운다. 이렇게 하면 집중력을 바로 되찾을 수 있다.
- 중요도에 따라 책상 서랍을 정리한다. 매일 사용하는 클립이나 고무줄은 가장 윗 서랍에 놓는다. 자, 가위처럼 매일 사용하진 않지만 자주 사용하는 물품들은 중간 서랍에 둔다. 아주 가끔씩 참고하는 오래된 송장들은 파일로 묶어 맨 아래 서랍에 둔다.
- 책상 위에 있는 전선을 정리하여 눈에 보이지 않게 한다. 정리를 위해 케이블 정리 도구를 사용하는 것도 방법이다.
- 컴퓨터 본체와 프린터는 책상 위가 아니라 책상 밑에 둔다.

위의 제안들은 빙산의 일각에 불과하다. 핵심은 작업 공간에서 잡동사니를 최대한 많이 제거하는 것이다. 이렇게 하고 나면 훨씬 집중하기 편하게 느껴지고 아이디어가 샘솟을 것이다. 뇌가 잡동사니에 의해 끊임없이 방해받지 않고 일에 훨씬 더 잘 집중할 수 있게 하나씩 실천해보자.

"집중이란
덜 중요한 다른 일을
순간적으로
잊어버리는 것이다."

_샘 혼Sam Horn

스마트폰으로
시간을

확인하지
말 것

———————— • ————————

스마트폰보다는 아날로그 시계가
아주 잘 보이는 곳에 있으면
일을 완수하는 데 걸리는 시간을
파악하기 쉬워져 집중력이 오른다.

일하는 동안 시간의 경과를 파악할 수 있는 방법이 있어야 한다. 크게 네 가지 정도의 선택지가 있다.

1. **손목시계를 찬다.**
2. **스마트폰 액정 배경화면에 시간을 표시하게 설정한다.**
3. **벽에 시계를 걸어둔다.**
4. **컴퓨터에 표시되는 시간을 본다.**

타이머의 유무가 중요하지 장치의 종류나 작업 공간 안에서 위치는 그다지 중요하지 않다. 하지만 스마트폰은 문자, 전화 등 다양한 알림이 수신될 때 주의를 분산시키기 때문에 스마트폰을 사용하는 건 권하지 않는다. 또 컴퓨터의 시계를 이용하는 것도 권하지 않는다. 한눈에 들어오지 않을 수 있기 때문이다. 그렇긴 해도 다른 선택지가 없다면, 아무것도 없는 것보다 시간의 경과를 살필 수 있는 무언가가 있는 게 좋다.

디지털시계보다 아날로그 방식인 벽시계나 손목시계가 있으면 일을 완수하는 데 걸리는 시간의 양을 파악하기가 더 쉬워진다. 과업마다 마감 기한을 정해두면 그때까지 일을 마쳐야 한다는 압박감을 훨씬 잘 느낄 것이다.

이렇게 시간에 대한 인식이 높아지면 집중력이 날카로워진다. 시계가 아주 잘 보이면 마감 기한까지 시간이 얼마나 남아 있는지 항상 알 수 있다. 해야 할 일 목록이 있다면, 일정 시간 안에 무엇을 완수해야 하는지 정확히 알 수 있다. 시간이 지날수록 긍정적인 압박감 덕분에 방해 요소들을 무시하고 일에 몰두하게 된다.

하지만 많은 사람들이 시간을 확인할 수 있는 방법이 없는 상태에서 일하는 걸 선호한다. 그렇게 하면 몰입 상태에 더 쉽게 도달할 수 있다고 착각한다. 어떤 사람에게는 이 말이 사실일 수 있지만, 내가 발견한 바에 따르면 대부분은 쓸 수 있는 시간이 얼마나 되는지 인지하지 못할 때 할 일을 미루거나 빈둥거리는 경향이 있다. 그게 인간의 본성이다.

대학 시절 다른 사람을 관찰하면서 이 점을 발견했다. 학생들은 공부는 뒷전으로 미룬 채 느긋하게 앉아 빈둥거리다가 손목시계를 확인하고 나서야 할 일에 집중하지 못한 채 얼마나 많은 시간이 흘렀는지 깨닫고 깜짝 놀라 허둥댔다. 교수님들은 수업 시간 중에 주제와 무관한 이야기로 한참 시간을 보내다가 문득 시간이 얼마 남지 않았다는 걸 깨닫고선 갑자기 서둘러 강의를 마무리해버리곤 했다.

이 현상은 직장에서도 자주 목격된다. 시간이 많다고 확신한 순간 수다를 떨고, 소셜미디어를 확인하고, 스마트폰을 만지작거리고, 주어진 일이 아닌 다른 일을 하며 시간을 낭비한다. 이때 시계가 없는 상태에서 실제 시간보다 훨씬 더 많은 시간이 주어졌다고 생각하는 경향이 있다.

쇼핑몰에 시계가 없는 이유에 대해 생각해본 적이 있는가? 카지노에서 시계를 본 기억이 있는가? 사람들은 시간을 알면 본능적으로 서두르거나 할 일만 하고 떠나려는 경향이 있다. 그래서 시계를 없애 궁극적으로 고객들이 시간을 확인하는 걸 막음으로써 더 오랜 시간 머무르며 돈을 쓰게 만드는 것이다.

작업 공간에서는 필수적으로 시간이 얼마나 흘렀는지 파악할 수 있는 방법이 필요하다. 책상 앞 벽에 시계를 걸어두어 시야의 정면에 시계가 위치하는 게 이상적이다. 이렇게 하면 주의력을 조절하고 눈앞의 과제에 집중하는 데 도움이 된다.

화이트보드를
마치 내 머릿속처럼

활용하는 법

———————— • ————————

머릿속에서 여러 생각이 마구 뒤섞이면
생산성에 악영향을 준다.
이때 이 생각들을 화이트보드로 옮겨두면
집중을 훨씬 잘할 수 있다.

화이트보드는 두 가지 측면에서 집중력을 높이는 데 활용할 수 있는 좋은 도구다. 첫째, 화이트보드를 사용하면 완수해야 할 과업들을 한눈에 살펴볼 수 있다. 해야 할 일을 적은 목록으로써 새로운 항목을 적고 완수한 항목은 지우는 식으로 말이다.

두 번째는 아이디어가 떠오르는 대로 적어두는 공간으로 이용하는 것이다. 문득 떠오른 아이디어가 기억되길 바라며 머릿속에만 저장해둘 필요가 없다. 기억력이 나빠 잊게 되는 일이 결코 없게끔 나중에 살피기 위해 보드에 적어두면 된다.

머릿속에서 여러 생각들이 마구 뒤섞이면 주의력과 생산성에 부정적인 영향을 준다. 생각 하나하나에 대해 정신적 명료함을 약화시키는 열린 루프가 생긴다고 생각하면 이해가 쉽다. 각각의 생각은 제대로 검토하거나 기록되고 추적될 때까지 계속해서 우리를 괴롭힌다.

이러한 생각들을 머릿속에서 꺼내 화이트보드로 옮겨두면 집중을 훨씬 잘할 수 있다. 이렇게 하면 아이디어는 더 이상 주의를 빼앗는 열린 루프가 아니다.

누구나 화이트보드를 사용하는 걸 좋아하는 건 아닐 것이다. 보드가 벽에 설치되어 있어서 적기가 불편하다고 말하는 사람들도 있다. 이런 사람들은 종이 노트에 적거나 에버노트나 원노트와 같은 클라우드 기반 도구를 사용하여 온라인에 기록하는 것도 방법이다.

화이트보드든 종이 노트든 메모장 앱이든 머릿속 정리되지 않은 생각을 일단 적어보도록 하자. 이때 색으로 라벨링을 해두면 훨씬 효과적으로 활용이 가능하다. 예를 들면 다음과 같다.

- **붉은색: 해야 할 일**
- **파란색: 약속, 회의 등 일정**
- **초록색: 아이디어와 떠오르는 생각**
- **검은색: 브레인스토밍한 결과**

수백만의 사람들이 업무, 약속, 회의, 그냥 떠오르는 생각들을 정리하기 위해 업무 공간에 화이트보드를 설치한다. 화이트보드가 주의력 관리 차원에서 도움이 되는 유용한 도구임을 이미 알고 있기 때문이다. 아마 이 방법을 시도해본다면 화이트보드가 당신의 집중력을 위한 완벽한 보완책임을 깨닫게 될 것이다.

"성공은 연속하여 쌓인다.
단, 한 번에 하나씩이다."

_게리 켈러 Gary Keller

FAST FOCUS

PART

3

**잃어버린 집중력을
즉각 되찾을 수 있는
23가지 방법**

주의력 관리는 최근 그 어느 때보다 더 어려워졌다. 전화, 이메일, 문자가 끊임없이 주의를 빼앗아 우리를 괴롭힌다. 그런가 하면 소셜미디어, 유튜브, 뉴스 웹사이트의 유혹도 더욱 강렬해져일의 흐름을 방해하고 집중력을 깨뜨린다.

게다가 주변 사람들이 만드는 방해 요소들도 있다. 재택근무 중이라면 가족들은 당신을 부를 때마다 집중력을 깨뜨린다는 걸 깨닫지 못할 수도 있다. 학생이라면 친구들이 공부에 집중하는 것을 방해할 수 있다. 사무실에서 일한다면 동료들이 습관적으로당신의 책상에 들러 수다를 떨며 부지불식간에 당신의 집중력을파괴할 수 있다.

이러한 문제들에 비추어 주의력을 관리할 때 의지할 수 있는 실천 가능한 집중력 시스템이 필요하다. 이 파트에서는 방해 요소들을 퇴치하고 일에 계속 집중하기 위해 필요한 모든 것을 배우게 될 것이다.

30분 집중하고
10분 휴식하는

포모도로
시간 관리법

———————— • ————————

한 번에 3시간을 집중하는 것이 아니라
30분씩 총 6번을 집중한다고 생각하라.
집중하는 시간 사이마다
반드시 5분씩 휴식 시간을 갖는다.

책상 앞이나 벽처럼 눈에 잘 보이는 곳에 시계가 있으면 시간의 흐름을 놓치지 않을 수 있다. 이에 더불어 책상에 타이머를 두어야 한다. 이때 타이머는 각각의 할 일에 대해 스스로 마감 시간을 설정하는 데 사용한다.

가령 프레젠테이션 준비를 하고 있다고 치자. 자료를 완성하려면 2시간이 걸린다고 예상한다면, 타이머를 2시간으로 설정하고 일을 시작한다. 눈앞에서 시간이 흘러가는 걸 보면 일에 집중하게 된다. 자신도 모르게 일에 몰두하게 되면 방해 요소의 영향을 덜 받게 된다.

데드라인을 설정하면 열심히 일하게 된다. 타이머는 시간이 얼마나 남았는지 눈으로 보여주기 때문에 집중력 시스템을 구축할 때 가장 먼저 필요한 아이템이다. 타이머를 잘 보이는 곳에 두어 할당된 시간이 줄어드는 것을 볼 수 있으면, 지금 하고 있는 과업이나 프로젝트를 최우선으로 삼아 집중하게 된다. 해당 과업에 할당한 시간이 줄어들고 있다는 걸 인식하고 있기 때문에 꾸물거리지 않게 된다.

그렇다면 타이머를 사용할 때 집중력을 더욱 높여주는 방법은 무엇일까? 아래 내용을 살펴보도록 하자.

- **마감 기한을 현실적으로 정한다.** 일은 항상 우리의 생각보다 더 오래 걸린다는 점을 명심해야 한다. 과업이나 프로젝트를 끝내는 과정에서 맞닥뜨릴 수 있는 잠재적 걸림돌을 고려하라.
- **기한을 너무 느슨하게 잡지 않도록 한다.** 1시간이면 충분한데 2시간을 할당해서는 집중력에 도움이 안 된다.
- **보상-처벌 체계를 만든다.** 기한을 준수하면 스스로에게 보상을 주고, 기한을 맞추지 못하면 보상을 박탈한다.
- **작은 시간으로 쪼개서 일한다.** 타이머를 3시간 동안 설정하지 말고 (최대) 한 번에 1시간씩 설정한다. 각 집중하는 시간 사이마다 10분씩 휴식 시간을 갖는다.

어떤 종류의 타이머를 사용해야 할까? 크게 요리용 타이머, 스마트폰 앱, 구글 가운데 택할 수 있다. 개인적으로 집에서 일할 때는 요리용 디지털 타이머를 사용한다. 스마트폰은 그리 선호하지 않는데, 앱들이 너무 많은 방해 요소를 제공하기 때문이다. 그럼에도 구글 타이머는 초, 분, 시 단위로 당신이 원하는 대로 설정할 수 있다는 점이 큰 장점이다.

"자신이 하는 일에
열중할 때
행복은 자연히 따라온다.
무슨 일이든
지금 하고 있는 일에
몰두하라."

_오쇼 라즈니쉬 Osho Rajneesh

오늘 하루
해야 할 일 중

가장 중요한
5가지만 해라

———————————— • ————————————

해야 할 일이 넘쳐날수록
한 가지 일에 집중하기가 더 어려워진다.
하루에 해야 할 일을 5가지로 제한하면
24시간을 오롯이 내가 통제할 수 있다.

할 일이 산더미처럼 쌓여 있을수록 한 가지 일에 집중하기가 더 어려워진다. 한 가지 일을 하고 있을 때 나머지 일들에 마음이 쓰여 집중이 안 된다. 그러니 해야 할 일 목록에 10가지, 15가지 혹은 그보다 더 많은 수의 일이 있다면 그 리스트를 보는 것 자체로 스트레스를 받는다. 그러면 집중력이 떨어져 방해 요소에 더 쉽게 주의를 빼앗기게 된다.

하루에 처리하는 일의 양을 가급적 5가지로 제한할 것을 권한다. 그정도면 일을 다 못 끝낼까 봐 염려하지 않고 한 번에 하나씩 집중하여 처리할 수 있는 양이다. 목록에 적힌 모든 과업을 완수할 시간이 있다는 걸 알면, 다음 일 때문에 괴롭지 않다. 당신이 충분한 시간을 제대로 집중한다면 결국 그 일들도 다 해결될 것이기 때문이다.

나는 이것을 어렵게 깨달았다. 수년 전만 해도 나는 주어진 시간 동안 내가 할 수 있는 일의 양을 실제로 할 수 있는 일의 양보다 늘 넘치게 계획을 세웠다.

그 결과 나의 해야 할 일 목록은 항상 지나치게 많은 일을 담고 있었다. 그 많은 일들을 다 해내려니 스트레스가 이만저만이 아니었고 항상 쫓기는 듯한 기분이 들었다. 시간이 흘러가는 것을 바라보며 모든 일을 오늘 하루 안에 다 할 수 있는 방법이 없다는 걸 깨닫고 나면 도무지 집중할 수 없었다. 당연히 일의 완성도도 떨어졌다.

하루 5가지 일로 제한하면, 이런 어려움을 피할 수 있다. 해야 할 일 목록에 적힌 모든 일을 완전히 통제하고 있는 듯한 기분이 들 것이다. 하루에 무엇을 해야 할지 정확히 알 뿐만 아니라 모든 과업을 제시간에 끝낼 수 있다는 자신감과 효능감도 느끼게 된다. 결과적으로 마음이 더 편해지고, 아이디어도 많아지고, 집중력도 좋아진다. 게다가 일의 완성도도 덩달아 높아진다.

그러니 부담감을 덜어내고 해야 할 일 목록을 검토하여 반드시 해야 할 일이 아닌 것들을 파악한다. 오늘 꼭 해야 하는 일이 아니라면 다른 날로 옮기거나 아예 리스트에서 삭제한다. 그런 후 목록에 남아 있는 5가지 중요한 항목을 완수하는 데 온 주의를 쏟아붓는다.

5가지 항목을 끝냈는데도 하루가 끝날 무렵 아직 시간이 남는다면, 그때 남아 있는 다른 일들을 보너스처럼 처리한다. 핵심은 해야 할 일 목록에서 중요하지 않거나 무관한 항목들을 제거하는 것이다. 그렇게 하면 당신의 목표와 관련하여 가장 중요한 항목들에 집중할 수 있는 자유가 생긴다.

이 일을
왜 해야 하는지를

항상
생각하라

———————— • ————————

무엇인가에 집중하려고 할 때
흔히 내면의 저항을 경험한다.
이 저항은 뇌가 당신이 행동하는 이유를
인식하지 못할 때 나타난다.

아침에 양치를 하는 일부터 저녁에 자녀들과 노는 일까지 우리가 하는 모든 일에는 이유가 있다. 하지만 시간을 때우려 SNS를 보는 것처럼 구체적인 목적이 없을 때, 방해 요소들에 주의를 빼앗기기가 더 쉽다. 우리는 우리의 뇌가 집중하라고 말하는 대상에게 집중하지 우리가 뇌에게 집중할 대상을 말해주는 게 아니다. 우리는 운전자라기보다 승객에 가깝다.

주변 모든 것에 주의를 빼앗긴 채 생산적으로 일하려고 애쓰고 있다고 상상해보자. 이러한 상황에서 당신은 집중할 수 있겠는가? 이것이 바로 일을 하는 이유를 모른 채 무언가를 할 때 우리 뇌에서 벌어지는 일이다.

가령 당신이 대학생이고 시험공부를 해야 한다고 치자. 충분히 시험 준비가 되었다고 느끼려면 집중해서 4시간은 공부해야 한다. 이때는 공부를 해야 하는 분명한 이유가 있다. 이번 시험이 학점에 영향을 주기 때문에 고득점을 받기 원하기 때문이다. 그럴 수 있는 유일한 방법은 열심히 공부하는 것뿐이다.

하지만 당신이 공부를 해야 할 이유를 생각하지 않는다면 많은 양을 암기해야 하는 부담스러운 상황에 집중하게 되며 과업을 해냈을 때 주어지는 보상(좋은 학점)은 떠올리기 어렵다.

이러한 상황에서는 쉽게 공부에 집중할 수 없게 된다. 친구, 스마트폰, 지나치는 모르는 사람들을 비롯하여 공부와 무관한 모든 것에 주의를 빼앗길 것이다. 당신의 뇌는 주어진 단조로운 일에 집중하는 걸 피하기 위해 방해 요소들을 끊임없이 찾을 것이다. 뇌가 공부는 절대 줄 수 없는 강력한 도파민을 갈망하기 때문이다.

이것이 바로 무언가를 하는 이유를 반드시 알아야 하는 이유다. 목적은 우리를 행동하게 한다. 목적은 일하는 과정을 명료하게 하고 집중하게 한다. 주의력을 효과적으로 관리하는 열쇠 가운데 하나인 것이다.

집중하려고 할 때 흔히 내면의 저항을 경험한다. 이 저항은 뇌가 당신이 행동하는 이유를 인식하지 못할 때 나타난다. 저항을 퇴치하고 일을 하려면 당신이 그 일을 하는 목적을 마음에 새겨야 한다.

예컨대 대학 시험을 앞두고 공부를 해야 하면, 시험이 성적에 영향을 줄 거라는 사실을 스스로에게 상기시킨다. 상사에게 제출할 보고서를 작성하고 있다면, 당신의 일이 상사의 의사결정에 영향을 줄 것임을 명심한다. 집을 치우고 있다면, 저녁에 손님이 방문하니 좋은 인상을 주고 싶다는 것을 기억한다.

간단히 말해, 당신의 '목적'을 알아야 한다. 목적을 알면 주의가 집중되어 일의 흐름을 깨고 생산성을 떨어뜨릴 방해 요소들을 피하는 데 도움이 된다는 걸 깨닫게 될 것이다.

딱
60초 동안

몸을 움직인 후
집중해보기

———————— • ————————

할 일을 하기 전 짧은 운동을 하면
해마로 가는 혈류량이 증가하여
집중력이 좋아진다.
딱 60초면 충분하다.

많은 연구에 따르면, 운동은 알츠하이머의 위험을 낮춰주며, 인지 처리 과정과 기억력을 개선시킨다. 또한 주의력 관리도 향상된다. 특히 유산소 운동을 하고난 후 집중이 더 잘된다.

과학적으로 설명하자면 운동을 하게 되면 우리 뇌에서 새로운 기억을 저장하는 기능을 하는 해마가 자극된다. 유산소 운동이 해마로 흘러가는 혈류량을 늘려주고 그 결과 개인의 각성 정도와 집중력이 높아져서 '주의력 자원'을 주어진 과업에 더 많이 투입할 수 있다.

어떻게 하면 이 과학적 사실을 집중력 시스템에 유리하게 이용할 수 있을까? 일이나 공부를 하기 직전에 운동을 하면 된다.

확실한 건 운동을 하기 위해 체육관에 갈 필요가 없다는 것이다.

장거리를 달릴 필요도 없다. 격렬하게 60초 동안 움직이면 충분하다. 예를 들어 다음과 같이 해볼 수 있다.

- **팔굽혀펴기 10회**
- **스쾃 10회**
- **크런치 10회**
- **팔 벌려 뛰기 20회**
- **야외에서 전력 질주 30초**
- **줄넘기 60초**
- **혼자서 하는 권투 동작 60초**

목표는 심박수를 높이는 것이다. 심박수를 높이면 뇌에 산소를 공급하는 적혈구의 양이 증가한다. 아울러 연구를 통해 운동이 뇌의 성장을 담당하는 특정 단백질의 양을 늘려준다는 것이 밝혀졌다. 이 단백질을 '뇌유래신경영양인자'brain-derived neurotrophic factor, BDNF라고 부른다. 이 물질은 신경의 성장에 도움이 되고 시냅스 전달을 개선시킨다고 알려져 있다.

짧고 격렬한 운동을 하면 정보 처리가 더 잘 되고 기억력이 좋아진다. 집중해야 하면 일단 자리에 앉기 전에 팔을 걷어붙이고 운

동하라. 말 그대로 1분이면 된다. 해마로 가는 혈류량을 증가시
켜 팽팽 돌아가는 집중력을 마음껏 누려보자.

"아무리 약한 사람이라도
단 하나의 목적에
자신의 온 힘을 집중함으로써
무엇인가 성취할 수 있다.
반면에 아무리 강한 사람이어도
그의 힘을
많은 목적에 분산시키면
어떤 것도 성취할 수 없다."

_토마스 칼라일Thomas Carlyle

아이디어를
재빨리 적고

머릿속에서는
지워버린다

———————————— • ————————————

무작위로 떠오르는 아이디어는
오히려 집중력을 파괴시킬 수 있다.
엉뚱한 생각이 떠오르면 적어라.
계속 머릿속을 맴돌게 방치하지 마라.

매일 우리를 괴롭히는 가장 큰 방해 요소 가운데 하나는 정리되지 않는 생각과 아이디어다. 우리가 주목하기 전까지 계속 머릿속을 맴돌며, 집중력을 갉아먹는다.

예컨대 다음과 같은 시나리오를 한 번쯤 경험해 봤을 것이다. 열심히 일하는 중에 그럴듯한 아이디어가 갑자기 떠오른다. 무시하고 계속 일하려 하지만, 잡념은 좀처럼 사라지지 않고 계속 머릿속을 맴돈다. 얼마지 않아 하고 있던 일은 잊은 채 인터넷에서 그 생각과 관련해 검색하고 있는 식이다.

물론 창조적인 아이디어가 떠오르는 것은 건강한 신호다. 창의력은 모든 면에서 유익하다. 문제는 무작위로 떠오르는 아이디어를 생산적으로 다루지 않으면 집중력만 파괴시킬 수 있다는데 있다.

떠오른 아이디어를 잊고 싶지 않다. 동시에 아이디어 때문에 집중력을 잃어 일의 흐름이 깨지는 것도 바라지 않는다. 그렇다면 어떻게 하면 집중력을 유지하면서 동시에 다양한 잡생각을 함께 다룰 수 있을까?

내가 깨달은 최선의 방법은 아이디어가 떠오르는 즉시 기록하는 것이다. 그렇게 하면 지금 하고 있는 일에서 주의를 돌리지 않은 채 아이디어를 나중에 검토하기 위해 저장할 수 있다. 일에 계속 집중하기 위해 아이디어를 기록할 수 있는 도구는 다음과 같다.

- **펜과 종이**
- **에버노트**
- **원노트**
- **투두이스트**
- **구글 킵**
- **화이트보드나 칠판**
- **디지털 녹음기**

엉뚱한 생각이 떠오르면, 적어서 온라인에 저장하거나 녹음기에 녹음한다. 계속 잡생각이 머릿속을 맴돌게 방치하지 말고 기록으로 남긴 후 하던 일을 계속한다.

일을 완수하는 효율적인 'GTD'^{Getting Things Done} 체계를 만든 데이비드 앨런^{David Allen}은 그런 생각들을 '열린 루프'^{open loop}라고 부른다. 정리되지 않은 생각들을 열린 상태로 그냥 방치하면 끊임없이 우리를 괴롭히고 주의력을 갉아먹는다. 집중력에 치명적인 열린 루프를 즉시 닫아야 한다. 이러한 생각을 저장하지 않으면, 당신의 기억력을 갉아먹고, 주의를 빼앗고, 꾸물거리게 만든다.

개인적으로 나는 내게 떠오르는 대부분의 생각을 펜과 종이를 이용해 기록하는 걸 선호한다. 그렇다 해도 처리해야 할 해야 할 일이 갑자기 떠오르면, 투두이스트를 이용하여 온라인상에 저장한다. 만일 지금 진행 중인 프로젝트와 관련이 있는 생각이 떠오르면, 프로젝트가 항목 별로 정리되어 있는 에버노트에 저장할 것이다.

나는 아이디어를 담기 위해 스마트폰을 사용하는 것을 피한다. 앞서 언급했듯이, 스마트폰에는 주의를 빼앗는 요소들이 너무 많다. 스마트폰을 손에 들자마자 페이스북에 들어가 보고 싶고, 친구에게 전화를 하고 싶고, 이메일을 확인하고 싶어진다.

나는 대개 맥북에서 작업하기에 크롬 브라우저를 사용하고 에버노트와 투두이스트를 열어둔 탭을 '고정'시켰다(탭을 고정시키면 의도치 않게 닫히는 일을 방지한다). 그래서 다른 아이디어가 생각날 때 몇 초 안에 온라인상에 저장한 후 바로 다시 일에 몰두할 수 있다. 온라인에서 작업을 하고 스마트폰이 끊임없이 방해가 된다면 이 시스템을 사용해볼 것을 적극 권한다.

주의를
분산시키는

트리거를
파악한다

---•---

집중력을 방해하는 원인인
트리거를 알아보자.
당신만의 트리거를 찾았다면
피하기 위한 시스템을 고안하라.

대부분 지루해서 집중이 안 된다고 생각한다. 마음이 동하는 일이 없으니 잠시 동안이나마 마음이 갈 것 같은 일에 더 쉽게 끌리는 것이다. 진실을 말하자면, 주의의 분산은 우리의 통제나 의지로 이루어지는 것이 아니라 촉발되는 것에 가깝다.

내부 혹은 외부 자극이 우리의 집중력을 깨뜨려서 주어진 일에서 벗어나게 한다. 방해 요소들을 퇴치하는 데 지쳤다면, 애초에 무엇이 방해 요소를 촉발하는지 그 트리거를 파악하는 게 중요하다. 집중력을 깨뜨릴 수 있는 내부 트리거를 살펴보자. 내부 트리거는 크게 신체적인 트리거와 심리적인 트리거로 구성된다.

- **식욕**
- **꾸물거리는 습관**
- **지루함이나 초조함**

- **좌절**
- **신체의 통증**(두통, 치통 등)
- **침울함**

이러한 트리거 때문에 더 쉽게 주의를 빼앗긴다. 가령 좋아하는 아이스크림을 먹고 싶은 마음이 굴뚝같다면, 눈앞의 일에 집중하기가 어려울 것이다. 습관적으로 꾸물거린다면, 당신의 뇌는 주의를 딴 곳으로 돌리게 된다. 지루함, 좌절, 우울 같은 부정적인 감정 역시도 주의력을 갉아먹는다.

방해 요소를 피하고 싶다면, 우선 이러한 트리거를 잘 다뤄야 한다. 트리거를 피하거나 억제할 수 있는 효과적인 방법을 찾아 실행해야 한다.

예컨대 당류의 식품을 너무 많이 섭취하면 두통이 생긴다는 사실을 알고 있다면, 집중해서 해야 할 일이 있으면 당 섭취량을 줄이거나 아니면 진통제를 준비해두는 것이다.

더 쉽게 주의를 분산시키는 외부 자극은 어떠한가? 아래 목록을 보고 각 항목이 당신이 하고 있는 업무나 프로젝트로부터 주의를 빼앗을 가능성이 얼마나 되는지 살펴보자.

- **이메일**
- **문자**
- **전화**
- **소셜미디어**
- **뉴스**
- **인터넷**
- **시끄러운 동료**

다시 말하지만, 당신이 주의를 빼앗기는 이유를 아는 게 중요하다. 당신만의 트리거를 파악한다면 피하기 위한 해결책을 고안할 수 있다.

내겐 이메일이 큰 방해 요소였다. 나는 여러 메일 계정을 사용하는데, 이메일을 확인할 때마다 모든 이메일은 하나씩 꼼꼼히 확인하고 싶은 충동을 느낀다. 모든 메일을 클릭해서 읽고, 필요하면 답장을 하는데 상당한 시간을 썼다.

또한 새로운 메일이 들어오면 어김없이 바로 주의를 빼앗겼다.

신규 메일을 확인하지 않고서는 일에 도저히 집중할 수 없을 정도였다.

이제 나는 하루에 두 번만 메일을 확인한다. 첫 번째 확인은 낮 12시 정도에, 두 번째는 오후 5시 정도에 한다. 더 이상 메일함이 있는 브라우저 탭을 열어두지 않는다. 일하는 동안 스마트폰을 근처에 두지도 않는다. 그래서 이제 나는 신규 메일이 도착해도 알 수 없기에 이 부분으로 더 이상 방해받지 않는다.

주의를 빼앗는 당신만의 내부, 외부 트리거를 찾아 트리거를 없애거나 그 효과를 줄여줄 방법들 가운데 당신의 집중력 시스템에 포함시킬 수 있는 것들을 생각해보라. 그렇게 하면 주의력을 완전히 통제하고 일에 집중해야 할 때 계속 집중하는 데 도움이 될 것이다.

"탁월한 성과는
당신의 초점을
얼마나 좁힐 수 있느냐와
밀접하게 연결되어 있다."

_제이 파파산 Jay Papasan

매일 해야 할
일을 적는

'투두 리스트'를
만들어라

———————— • ————————

끝내지 못한 과업이
완성된 과업보다 주의를 더 끄는 현상을
심리학에서 '자이가르닉 효과'라고 한다.
이를 해결하기 위한 투두 리스트를 만들자.

해야 할 일 목록인 투두 리스트를 사용하는 목적 가운데 하나는 언젠가 다뤄야 하는 모든 과업을 기록하는 것이다. 이렇게 하면 머릿속에 방치하면 열린 루프가 될 일들을 제거할 수 있다. 그 결과 집중을 더 잘하게 되어 눈앞의 일에 몰두할 수 있다.

이 효과는 심리학에서 '자이가르닉 효과'Zeigarnik effect라고 알려진 현상과 관련이 있다. 자이가르닉 효과란 끝내지 못한 과업이 완성된 과업보다 주의를 더 끄는 현상을 말한다. 이러한 미완의 과업들이 머릿속에 남아 있으면, 그에 대한 생각이 계속 끼어들어 주의를 분산시키고 집중력을 깨뜨린다.

해야 할 일 목록을 사용하면 이 문제가 말끔하게 해결된다. 모든 과업과 아이디어를 기록함으로써 단기 기억에서 효과적으로 지울 수 있다. 기록하지 않으면 이것들은 단기 기억에서 열린 루프가 되어버린다.

해야 할 일을 목록으로 작성하는 것은 주의력 관리에 도움이 되는 또 다른 목적에도 잘 맞는다. 바로 오늘 하루 혹은 특정 프로젝트를 위해 해야 할 모든 일을 상기시키는 것이다.

예컨대 당신이 수십 가지의 일을 해야 하는 프로젝트에 참여하고 있다고 치자. 이러한 일들을 목록에 기록하면, 뭔가 빠뜨릴까봐 걱정할 필요가 없다. 목록을 작성하고 완수할 때마다 하나씩 지워가면 된다.

완료된 일을 단기 기억을 처리하는 전두엽 피질에서 지워버리면, 눈앞의 과업에 더 잘 집중할 수 있다. 열린 루프가 더 이상 주의를 빼앗지 않는다. 투투 리스트를 통해 열린 루프를 스스로 닫는 것이다.

중요한 건 기록하는 행위이므로 기록하기 위해 무슨 매체를 사용하든 상관없다. 하지만 기본적으로 아래와 같은 매체를 택할 수 있다.

- **종이와 펜**
- **클라우드 기반 도구**(투두이스트, 에버노트, 원노트 등)
- **화이트보드**

중요한 건 당신이 사용하기에 편한 매체를 찾는 것이다. 나는 종이와 펜, 투두이스트, 에버노트를 두루두루 사용한다. 펜과 종이는 잊고 싶지 않고 분류를 해야 하는, 무작위로 떠오른 생각들을 기록할 때 아주 좋다. 이런 생각이 떠오르면 나는 바로 종이에 적어두어 나중에 살펴볼 수 있게 한다.

투두이스트는 내가 가장 좋아하는 도구다. 쓸데없는 부가 기능에 정신이 팔리지 않고서도 두루두루 아주 편리하게 사용할 수 있다. 나는 투두이스트를 사용하여 수십 가지 목록을 관리한다. 목록에 적힌 각각의 일을 구성하는 개별 과업들을 우선순위와 맥락에 따라 다양한 색으로 표시할 수 있다.

에버노트는 큰 그림을 그리며 프로젝트들을 정리하는 데 사용하기에 완벽한 도구다. 가령 새 책에 대한 아이디어가 떠오르면, 나는 에버노트에서 책의 뼈대를 메모하고 몇 주에 걸쳐 살을 붙여 나간다.

이게 내가 사용하는 집중력 시스템이다. 이렇게 해서 주의력을 관리하고 생산적으로 일하는 데 큰 도움을 받았다. 다수의 프로젝트를 정리하고 관리하는 데 도움이 될 시스템을 찾고 있다면, 내가 사용하는 시스템을 시도해보길 권한다. 당신도 폭발적인 집중력을 경험하게 되리라 장담한다.

몰입 상태에
도달하게 해주는

배경음악

---•---

주변 소음이 아예 없으면
집중할 수 없는 경우가 많다.
이런 경우 집중력을 올려주는 음악은
몰입하는 데 도움을 줄 수 있다.

집중하려고 할 때 음악은 두 가지 목적에서 유용하다. 우선 환경에 있는 소음을 차단해주고, 몰입 상태에 빠져드는 데 도움을 준다. 주변 환경의 소음 때문에 주의를 관리하기가 어려울 때 특히 도움이 된다.

사무실 환경에서는 동료들이 나누는 대화가 방해 요소가 될 수 있다. 카페에서는 제조 과정에서 소음이 발생하는 메뉴를 만드는 과정도 주의를 빼앗을 수 있다. 가정에서는 옆방에서 들려오는 아이들이 좋아하는 텔레비전 프로그램 소리가 주의를 빼앗아 집중을 깨뜨릴 수 있다.

음악은 이런 종류의 소음을 차단하는 데 도움이 될 수 있다. 소음이 들리지 않게 차단하거나 적어도 멀리 배경으로 보내버려 더 이상 집중에 문제가 되지 않게 한다.

오히려 정적은 집중력에 방해가 될 수 있다. 많은 경우 주변 소음이 아예 없으면 집중할 수 없다. 음악은 주변의 모든 것이 배경으로 물러나게 되는 최고의 집중 상태에 도달하는 데 큰 도움이 될 수 있다. '무아지경'이라고 불리는 이러한 정신 상태는 업무나 과정의 완성도를 향상시킨다. 연구자들은 이것을 음악가, 운동선수, 심지어 비디오 게임을 하는 사람들에게서 발견했다.

그렇다면 집중력의 핵심은 '어떤 종류의 음악을 들을 것인가?'이다. 대부분의 사람들은 연주곡을 들을 때 집중을 더 잘한다. 가사가 있는 음악은 집중하는 데 보통 방해가 된다. 물론 어떤 사람들은 가사가 있는 노래를 듣는 동안 집중할 수 있다. 좋아하는 곡을 너무 많이 들어 익숙해진 경우 음악이 배경으로 밀려나 방해 요소가 되지 않는 경우다.

연주곡이라고 해서 모두 주의를 관리하는 데 도움이 되는 건 아니다. 가령 가슴을 뛰게 하는 록 기타 연주곡을 들을 때는 집중하기 힘들다. 어김없이 발을 구르며 고개를 흔들기 시작한다.

그래서 집중이 필요할 때 배경음으로는 클래식 음악을 추천한다. 클래식 음악의 유효성이 보편적이지는 않지만, 대부분의 사람들에게 효과가 있다. 연구에 따르면 특히 바로크 음악은 빠른 리듬 때문에 청자의 기분을 끌어올려 집중력과 생산성에 긍정적인 효과를 준다.

또한 하나의 클래식 곡을 되풀이해서 듣는 게 집중과 몰입에 도움이 되는 걸 발견했다. 가령 나는 글을 쓸 때 쇼팽의 전주곡 4번 마단조 작품번호 28을 듣는다. 배경에서 무한 반복된다. 나는 이 곡에 너무도 익숙해져서 거의 최면 효과가 있을 정도다. 나의 뇌는 이 곡의 첫 몇 음을 듣자마자 바로 집중하게 된다.

피아노 소나타, 녹턴, 에튀드 등과 같은 클래식 음악이 60분 동안 되풀이해서 재생될 수 있게 저장된 영상을 유튜브에서 찾아볼 수 있다. 클래식을 잘 모르겠다면 아래와 같은 작품들로 시작해 볼 수 있다.

- 베토벤의 엘리제를 위하여
- 베토벤의 월광 소나타
- 쇼팽의 녹턴 2번 작품번호 9번
- 에릭 사티의 그노시엔느 1번
- 리스트의 라 캄파넬라

이것은 단지 예시에 불과하다. 집중력을 향상시켜주는 나에게 맞는 음악을 찾아 들을 수 있다. 제대로만 택하면 음악은 주변의 다른 소음들이 주의를 빼앗으려고 할 때에도 집중력을 날카롭게 하여 주어진 일에 계속 몰두하게 해줄 것이다.

"그대가 자신의 불행을
생각하지 않게 되는
가장 좋은 방법은
일에 몰두하는 것이다."

_루트비히 판 베토벤 Ludwig van Beethoven

집중하는
것만큼

휴식이
중요하다

———————— • ————————

쉬지 않고 일하면 지루해진다.
그러면 그만큼 방해 요소들에 더 쉽게 휘둘려
결국 집중력이 약화된다.
휴식에 죄책감을 갖지 마라.

과학에 따르면 짧은 휴식을 자주 취해야 주어진 과업에 계속 집중할 수 있다. 장시간 일이나 공부를 하면 주의력이 감소되는 것을 경험했을 것이다. 우리의 뇌는 휴식 없이 장시간 집중하도록 설계되어 있지 않다.

쉬지 않고 일하면 지루해진다. 그러면 방해 요소들에 더 쉽게 휘둘려 결국 집중력이 약화된다. 자주 휴식을 취할 때 뇌는 새로운 정보를 더 잘 처리하고, 새로운 연결을 잘하고, 자세한 내용까지 기억할 수 있다. 또한 상쾌한 기분으로 일에 임할 수 있어서 주의력을 관리하고 방해 요소들을 퇴치하기가 더 쉬워진다.

많은 사람들이 휴식에 대해 죄책감을 느껴 좀처럼 일하는 중간에 쉬지 않는다. 쉬기 위해 일을 제쳐놓는 게 시간 낭비라고 느낀다. 그 시간에 일을 더 할 수 있다고 생각하는 것이다. 하지만 아이러니하게도 쉬지 않고 일만 하면 피하고 싶은 바로 그 결과를 겪게 된다. 쉬지 않으면 효율성이 떨어지고, 실수가 잦아지고, 생산성이 떨어진다. 그 결과 일을 완수하는 데 필요 이상으로 많은 시간이 소요된다.

규칙적으로 자주 휴식을 취하는 게 중요한 것을 안다 해도, 일과 중 어떻게 휴식을 취해야 하는지 모를 수 있다. 그때는 다음과 같은 방법을 시도해보면 좋다.

시간 블록 단위로 일한다

한 가지 인기 있는 방법은 포모도로 시간 관리법으로, 25분 일하고 5분 쉬는 방법이다. 아니면 52분 일하고 17분 쉬는 '52+17 전략'을 사용해도 좋다. 실험을 통해 당신의 업무 흐름에 최적인 일과 휴식 간격을 찾는다.

집중력을 모니터한다

이를 위해서는 메타인지가 필요하다. 집중력이 줄어들기 시작한다고 느낄 때, 바로 일을 멈추고 휴식을 취한다. 일어서서 스트레칭을 한다. 건강에 좋은 간식을 먹거나 물을 마신다. 무슨 일이든 좋으니 일에서 벗어나 뇌가 짧으나마 꼭 필요한 휴식을 취하게 하는 무언가를 한다.

파워냅을 계획한다

짧은 낮잠인 파워냅powernap은 10~30분에 불과하지만 그 효과는 강력하다. 사실상 잠시 눈을 감고 휴식을 취하는 것으로 깊은 수면에 들려고 애쓰지 않아도 된다. 오후 시간을 45분의 시간 청크로 나누고 사이사이에 10분의 파워냅을 계획한다. 파워냅의 효과를 경험한다면, 어느새 고개를 뒤로 젖히고 눈을 감고 주변의 모든 걸 무시할 수 있는 이 순간이 기다려질 것이다.

휴식 시간에 대화하라

휴식 시간에 친구와 가족들에게 전화를 걸거나 대화를 시도한다. 주의가 분산되지 않고서 일에 집중하게 해주는 동기부여가 될 수 있다. 소중한 사람들과 연결되어 있다는 것을 느끼며 스스로에게 열심히 일한 보상을 주는 것이다.

휴식 시간에 게임을 즐긴다

가족이나 친구에게 전화를 거는 대신, 휴식 시간에 좋아하는 게임을 즐기는 것도 좋은 동기부여가 된다. 게임이 아니라 만화책 보기, 좋아하는 음악 듣기 등 자신에게 맞는 적절한 보상 시스템을 설계할 수 있다.

· · ·

위와 같은 일들을 시도해보라. 아니면 당신만의 아이디어를 짜도 좋다. 중요한 건 잦은 휴식을 일과 속에 포함시키는 법을 찾는 것이다. 일과 일 사이에 뇌가 쉴 수 있는 시간을 주면 꼭 필요할 때 집중할 수 있는 능력이 배가될 것이다.

짧은 산책은

피로 회복에
효과적이다

산책은 집중력과
정신적 피로 회복에
당신이 생각하는 것보다
훨씬 더 도움이 된다.

집중이 되지 않을 때 잠깐 나가서 산책하라는 조언은 따분하게 들릴 수도 있다. 하지만 산책은 주의력 관리에 여러분이 생각하는 것보다 훨씬 더 도움이 된다. 산책은 뇌가 쉴 수 있는 여유를 줄뿐더러 심신을 회복시키는 신선한 공기를 마실 수 있는 기회다. 또 정신적 피로도 회복시켜 준다.

과학적인 연구 결과도 이런 사실을 뒷받침한다. 여러 연구를 통해 산책이 집중력과 단기 기억력을 개선할 수 있음이 밝혀졌다. 숲이나 수목원과 같은 자연 환경에서 산책을 하면 특히 효과가 좋다. 자연의 모습이 담긴 사진만 보더라도 산책과 비슷한 집중력 회복 효과가 있다는 연구 결과도 있다. 실험 참가자들은 자연 풍경 사진을 보았을 경우 주의 지속 시간이 최대 20퍼센트나 길어졌다.

당신도 아마 경험을 통해 공감할 것이다. 일에서 벗어나 바깥 공기를 마시며 산책을 즐겼던 때를 떠올려보라. 아마 산책으로 기분이 좋아지고 마음이 편안해졌을 것이다. 에너지도 충전했을 테고, 기존의 문제들에 대한 창의적인 해법을 찾을 수 있는 상태로 잠시 릴랙싱 되었을 것이다.

산책을 마치고 일에 복귀했을 때, 정신적으로 회복된 기분이 들지 않았던가? 주어진 과업에 더 잘 집중할 수 있지 않았던가? 심지어 업무력이 개선된 걸 깨달았을 것이다. 실수가 줄고 일의 완성도가 높아졌을 것이다. 이러한 효과는 짧은 산책을 하고 나면 누구나 공통으로 겪는 경험이다.

산책의 혜택을 누리기 위해 꼭 숲이나 수목원을 가야하는 건 아니다. 어떤 환경에서든 걸으면 도움이 될 수 있다. 물론 자연 속에서 걷는 것이 요란한 자동차 소리를 들으며 붐비는 보도를 걷는 것보다 집중력 향상에 더 큰 혜택을 준다. 하지만 인생의 모든 것이 그렇듯이 주어진 환경 속에서 해법을 찾아야 한다.

사람들이 맞닥뜨리게 되는 가장 흔한 문제는 실제로 걷는 것이다. 대부분 책상에 머물거나 계속 일하려고 한다. 일을 멈추고 일어나 외투를 입고 다른 사람들에게 어디를 얼마나 오래 가 있을지 말하고 바깥으로 나가는 일은 귀찮게 보일 수 있다. 나가지 않고 책상에서 휴식을 취하는 게 훨씬 쉽다.

하지만 책상에서 쉬면 산책이 인지 능력에 주는 혜택을 포기하는 것임을 깨달아야 한다. 우리를 이완시키고 회복시키는 효과를 놓치는 것이다. 가장 중요하게는 야외에서의 짧은 산책이 주는 날카로운 집중력을 경험할 수 없다.

하루를 보내면서 주의력은 정기적으로 리셋되어야 한다. 그것이 집중해야 할 때 계속 집중할 수 있는 가장 확실한 방법이다. 책상에서 인터넷 서핑을 하며 쉬지 마라. 친구들과 잡담으로 시간을 때우지 마라. 자리에서 일어나 밖으로 나가 신선한 공기를 만끽해보자. 기분이 새롭게 전환될 뿐만 아니라 필요할 때 집중도 더 잘하게 된다.

"우리는 장애물을 만나
목표에서 멀어지는 게 아니다.
눈앞에 보이는
덜 중요한 목표를 추구하다가
진정한 목표에서 멀어진다."

_로버트 브롤트 Robert Brault

멀티태스킹은
제대로

일하고 있는 것이
아니다

―――――――― • ――――――――

대부분 여러 가지 일을
동시에 처리하는 사람에게 감탄한다.
하지만 사실 멀티태스킹이란
일을 제대로 하는 게 아니다.

대부분 멀티태스킹을 잘하는 사람들을 보고 감탄한다. 동시에 여러 가지 일을 하는 능력은 대단해 보인다. 우리는 그런 능력을 높이 평가하고 칭송한다. 그래서 많은 사람들이 멀티태스킹 능력을 계발하려고 애쓴다.

하지만 멀티태스킹에 관한 숨은 진실은 별로 아름답지 않다. 사실 멀티태스킹이란 일을 제대로 하는 게 아니다. 연구자들은 동시에 많은 일을 처리하려고 해봤자 주의가 더 분산되는 결과를 초래한다는 걸 밝혀냈다. 이러한 주의의 분산은 오히려 업무 결과에 악영향을 준다.

우리의 뇌는 사실 한 번에 여러 가지 일에 주의를 기울이지 못한다. 한 번에 한 가지 일에 집중하는 방식으로 순차적으로 일을 처리하는 방식으로 우리의 뇌는 작동한다. 동시에 두 가지 이상의 일에 주의를 쏟을 때, 뇌는 여러 개의 일 사이를 오락가락 옮겨 다닌다. 이 현상을 '작업 전환'task switching이라고 한다.

작업 전환은 주의력에 심각한 손상을 초래한다. 작업 전환을 하면 여러 가지의 일이 하다만 채로 남아 있게 된다. 이러한 과업들은 주의를 분산시키는 열린 루프가 된다. 또한 동시에 하려는 과업의 수와 복잡성에 비례하여 일의 완성도가 떨어지고 실수가 증가한다. 그 결과 생산성에 부정적인 영향을 미친다.

습관적으로 멀티태스킹을 하는 친구나 가족을 떠올려보자. 그가 여러 일을 동시에 하는 동안 진지한 대화를 하려고 시도해본 적이 있는가? 아마 불가능했을 것이다. 십중팔구 대화에 집중하지 못해 제대로 대화를 나누지 못했을 것이다. 잦은 작업 전환은 집중력을 떨어뜨린다.

한 가지 일에만 전념하면 집중력이 즉각 개선된다. 한 번에 한 가지 일만 하라. 그 일을 하는 동안 다른 일도 처리하고 싶은 유혹을 이겨내야 한다.

나는 멀티태스킹을 포기하고 한 가지 일에 집중하는 습관을 들이는 어려움을 몸소 경험해봐서 잘 안다. 수년 전, 나는 여러 가지 일을 동시에 하는 나의 능력에 자부심을 느꼈다. 뉴스를 읽고, 우리 회사의 최신 매출 자료를 확인하면서 부모님과 통화를 했다.

이제와 생각해보면, 내가 동시에 하려고 했던 일들 전반에 걸쳐 나의 완성도는 형편없었다. 가령 독서와 텔레비전 시청을 동시에 하고 있을 때, 나는 대개 책과 TV 프로그램의 스토리를 제대로 기억하지 못했다. 매출 데이터를 검토하면서 전화 통화를 하면 대화에 제대로 집중하지 못했다. 이러한 문제들은 멀티태스킹에서 비롯된 집중력 부족에서 기인한 것이다.

멀티태스킹이라는 환상에서 벗어나 한 번에 한 가지 일만 하도록 훈련했다. 처음에는 쉽지 않았지만 한 가지 일에 집중할 수 있는 능력은 주의력 관리라는 목표를 향한 가장 중요한 성과 가운데 하나였다.

아직 해보지 않았다면, 이 습관을 당신의 업무 프로세스에 적용시켜보길 강력하게 추천한다. 한 번에 한 가지 일만 하면 집중력이 개선되고, 일의 완성도가 높아지고, 그 과정에서 생산성도 올라가게 된다.

비슷한 작업은
모아서

연달아
처리한다

———————————— • ————————————

컴퓨터는 비슷한 연산 작업을
묶어서 처리한다.
당신의 뇌도 컴퓨터와
유사한 방식으로 작동한다.

'일괄 처리 프로세스'batch process라는 방식은 보통 컴퓨터 분야에서 사용되는 용어로 데이터를 실시간으로 처리하는 것이 아니라 일괄적으로 모아서 처리하는 방식을 의미한다.

컴퓨터 분야에서 일괄 처리의 장점은 컴퓨터 프로세서와 코어에 부담이 덜 가는 것이다. 또 다른 장점으로는 컴퓨터가 일렬로 정렬한 프로그램들을 실행하기 위해 누군가 컴퓨터 옆을 내내 지켜야 할 필요가 없다는 점이다.

우리의 뇌도 컴퓨터와 유사한 방식으로 작동한다. 이러한 뇌의 특징을 이용하면 집중력과 생산성이 드라마틱하게 개선된다. 여기 일괄 처리 방식을 집중력 시스템에 유리하게 적용하는 방법이 있다.

먼저 오늘 해야 할 모든 일을 떠올린 후 각 항목을 적는다. 해야 할 모든 일들이 한눈에 들어오도록 눈앞에 펼쳐둔다. 이제 목록을 검토하고 서로 비슷한 업무를 찾아 그룹으로 묶는다. 몇 가지 예를 들면 다음과 같다.

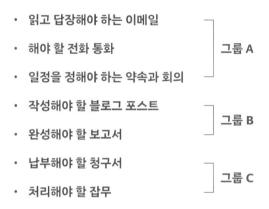

마지막으로 각 그룹에 대해 일일 일정표상에서 시간 블록(가령 20분)을 배분한다. 할당된 시간에는 그 일들만 처리한다.

위와 같이 하게 되면 당신은 뇌가 업무를 일괄 처리하게 되어 일의 유사성 때문에 그 일들을 처리하는 데 필요한 인지적 자원이 덜 소요된다는 장점이 있다. 당신의 뇌는 직관적으로 다음에 무엇을 해야 할지 알고 있기 때문에 각각의 일마다 매번 새로운 명

령을 내릴 필요가 없다.

예컨대 공공요금을 납부한다고 가정해보자. 수년간 매달 해온 일이다. 따라서 당신의 뇌는 이 과정에 익숙하므로 일련의 익숙한 프로세스를 실행하여 업무를 완수할 수 있다. 각 청구서에 대해 당신의 뇌는 납부해야 할 금액을 살펴보고, 자세한 내역을 기록해야 한다는 것을 안다.

뇌는 상당한 인지 능력이나 주의력 자원을 사용하지 않고서도 이러한 일들을 수행할 수 있다. 해당 시간 블록 안에 속한 모든 일을 완수할 때까지 반복해서 차례로 하나씩 일을 실행한다. 해야 할 일들이 서로 비슷하기 때문에 집중이 훨씬 쉬워진다.

일괄 처리 방식은 업무 전환에 따른 주의력의 손상을 피하는 데 도움이 된다. 요금을 납부한 후, 몇 분간 보고서를 작성하다가 얼마 지나지 않아 전화 통화를 한다고 상상해보자.

통화를 마친 후, 이메일을 보내고, 이전에 써놓은 메모를 읽고, 업무 공간을 청소하고, 회의 일정을 잡고, 또 다른 요금을 납부한다. 이런 방식을 '트랜잭션 처리'transaction processing라고 부른다. 모든 업무 하나하나에 어머어마한 주의를 쏟아야 한다.

트랜잭션 처리는 업무의 전환에 따른 상당한 주의력의 손실을 일으킨다. 시간이 더 들고, 집중력을 손상시키며 게다가 방해 요소에 더 민감하게 반응하게 한다.

일괄 처리를 하면 장시간 동안 예리한 정신 상태를 유지할 수 있다. 집중력을 유지하고, 방해 요소들을 퇴치하고, 주어진 일에 몰두하는 데 도움이 된다.

우리의 뇌는 어떠한 간섭을 받은 후 정상으로 돌아가기까지 20분이 소요된다. 일괄 처리 방식으로 업무를 처리하면, 트랜잭션 처리와는 반대로 집중력의 방해를 최소화한다. 그 결과, 생산성이 크게 올라가는 몰입 상태에 도달하기가 훨씬 더 쉬워진다.

단, 일괄 처리 방식이 창의적이거나 비판적 사고를 최소한으로 요구하는 업무에서 가장 효과적임을 알아야 한다. 일괄 처리는 이메일에 답장하기나 회의 일정 잡기, 요금 납부하기, 잡다한 집안일 처리에 적합하다.

복잡한 수학 문제를 풀거나 정교한 시스템을 만들거나 심도 있는 연구를 하는 일은 상당한 인지적 자원을 요구하기 때문에 일괄 처리에는 잘 맞지 않는다.

하지만 평범한 일상의 잡무의 경우, 일괄 처리는 주의력을 관리하고 그 과정에서 생산성을 개선하는 탁월한 방법임에 틀림없다.

"살아가는 기술이란
하나의 공격 목표를 골라
거기에 집중하는 데에 있다."

_앙드레 모로아 Andre Maurois

하루
시간표를

시간 블록으로
짜본다

———————— • ————————

하루 일과 중 일부 시간을
특정 업무에 배정한다.
그 시간은 오직 그 일을 하는 데만 사용한다.
이렇게 하루를 시간 블록으로 채워보자.

어린 시절 방학을 맞아 시간 계획을 세울 때, 동그란 원 안에 하루 24시간의 계획을 채워본 경험이 있는가? 어떤 사람들은 이것을 '타임 블로킹'^{time blocking}이라고 부른다. '포모도로 방식' 혹은 '시간 청킹'이라고 부르는 사람들도 있다. 뭐라고 부르든, 기본 단계는 아래와 같다.

1. **특정 시간을 특정 업무에 일대일로 배정한다.**
2. **그 시간은 오직 그 일을 하는 데만 사용한다.**

특정 시간 블록에 할당한 시간이 10분일 수도, 5시간(더 길 수도 있다)일 수도 있다. 그 시간 동안 처리하고자 하는 일이 무엇이냐에 따라 시간 블록은 달라진다. 하루를 시간 청크로 구성하면 세 가지 긍정적인 효과가 발생한다.

생산성이 높아진다

정해진 시간 블록을 할당하면 그 일에 기한이 설정된다. 실제 업무는 사용할 수 있는 가용 시간을 채우기 위해 늘어나기 마련이다. 기한을 설정하면 일에 소요되는 시간이 실제로 줄어든다.

마음이 편해진다

해야 할 일 목록에 있는 모든 일을 완수할 충분한 시간이 있을지 염려하느라 스트레스를 받을 필요가 없다. 당신의 일정은 해야 할 일에 배정된 시간 블록으로 채워질 것이기 때문이다. 예기치 못한 일이 있을 수 있지만, 그래도 이렇게 하면 하루가 어떻게 굴러가는지 명확해진다.

집중력이 개선된다

특정 항목에 시간 블록을 할당하면 그 일에 계속 집중하게 된다. 처음부터 주의를 오직 눈앞의 일에 쏟아야 한다는 걸 알고 시작하기 때문이다. 그 시간 동안에는 다른 일들을 하고 싶은 마음이 생기지 않고, 여러 일을 동시에 하면 발생하는 주의력의 손실도 발생하지 않는다.

그렇다면 하루를 어떻게 시간 블록으로 구성할까? 우선, 과업을 완수하는 데 얼마만큼의 시간이 필요할지 구체적으로 생각하면 좋다. 이것을 알면 너무 많은 시간을 할애하지 않고서 정확하게 업무에 집중할 수 있는 시간 블록만큼을 할당할 수 있다.

그리고 나서 일단 해야 할 일 목록에 있는 모든 과업에 시간 블록을 할당하고 나면, 일정표에 적어둔다. 그렇게 하면 같은 시간에 이중으로 일정을 잡는 실수를 막을 수 있다.

이때 명심할 점이 시간 블록이 45분 이상이면, 최소 한 번 이상의 휴식을 계획하면 좋다. 90분 이상이면 여러 번의 휴식을 잡는다. 가령 중요한 프레젠테이션 준비에 3시간의 시간 블록을 할당했다고 치면 아래와 같이 휴식을 배치할 수 있다.

- **45분간 일한다.**
- **10분간 휴식한다.**
- **45분간 일한다.**
- **15분간 휴식한다.**
- **45분간 일한다.**
- **20분간 휴식한다.**

여기서 휴식 시간이 매 45분 작업 후 어떻게 늘어났는지 주목해 보자. 45분간 집중하는 일이 힘들기 때문이다. 맑은 정신을 유지하기 위해, 특히 고도의 집중을 요구하는 일이라면, 뇌가 휴식을 취할 충분한 시간을 줘야 한다. 아마 가장 긴 세 번째 휴식을 끝낼 즈음이면 상쾌한 기분이 들며 다음 시간 블록을 시작할 준비가 되어 있을 것이다.

집중이
안 될 때는

스마트폰을
잠시 꺼둔다

———————————— • ————————————

집중할 일이 있을 때
자꾸 스마트폰을 확인하는가?
이에 대한 해법은 아주 간단하다.
스마트폰을 잠시 꺼둔다.

스마트폰과 인터넷은 집중을 위협하는 양대 산맥이다. 이 둘 때문에 일에 집중하여 완수하는 것이 거의 불가능할 때도 있다.

스마트폰이 있으면 문자, 이메일, 소셜미디어에 계속해서 접근할 수 있다. 무언가가 새로 업데이트될 때마다 알림이 들린다. 이러한 알림은 주의를 분산시키는 요소다. 알림을 듣고 스마트폰을 애써 무시한다 해도 이미 집중력은 깨진 이후다.

인터넷은 더 심각하다. 구글에서 검색 한 번만 하면 소중한 시간을 몇 시간씩 앗아가는 《이상한 나라의 엘리스》에 나오는 토끼굴로 인도될 수 있다. 설상가상으로, 구글 검색부터 페이스북 포스트, 140문자로 된 트윗까지 온라인 활동에서 오가는 '사운드 바이트$^{sound\ bite}$(텔레비전 뉴스에서 정치인, 전문가, 일반 시민 등의 발언을 짧게 따서 내보내는 걸 말한다−옮긴이)'와 같은 짧은 콘텐츠는 우리의 주의 지속 시간을 훨씬 더 단축시켰다. 이제 금붕어가 인간보다 더 오랫동안 집중할 수 있다고 주장하는 사람이 있을 정도다.

이에 대한 해법은 아주 간단하다. 일하는 동안 스마트폰을 꺼두는 것이다. 스마트폰을 꺼두거나 와이파이 연결을 중단한다. 간단히 말해 애초에 이러한 잠재적 방해 요소를 없애는 것이다.

휴식을 취하려 할 때, 얼마든지 스마트폰을 들고 인터넷에 다시 연결할 수 있다. 놓친 문자를 읽고 답을 하고, 이메일을 확인하고, 페이스북에 접속한다. 최신 뉴스 헤드라인을 살펴보고 유튜브에서 가장 최근에 올라온 재미있는 동영상을 시청한다. 휴식 시간이 끝나면 다시 연결을 끊고 일에 복귀한다.

만일 하고 있는 업무와 관련하여 온라인에서 무언가를 찾아야 한다면, 메모를 해두고 계속 일한다. 일의 흐름을 깨지 말고 나중에 검색한다.

오프라인일 때마다 스트레스를 덜 받고, 마음이 더 편하고, 집중이 더 잘된다고 느낄 것이다. 새로운 문자, 이메일, 소셜미디어 업데이트뿐만 아니라 주변 환경에 존재하는 방해 요소까지 주의를 분산시키는 요소들에 덜 반응하게 될 것이다.

스마트폰과 인터넷에서 벗어나면 뇌는 다른 모든 것은 무시하고 중요한 일에만 오롯이 집중할 수 있다.

"중요한 것은
지금 무엇을 하고 있는지
그리고 다음에 할 일이
무엇인지를 아는 것이다."

_스티븐 코틀러Steven Kotler

회의에
쓰는 시간을

과감하게
제한한다

———————— • ————————

일정표에 회의가 있는 것을
볼 때마다 속이 부글거렸다.
그것은 곧 잃어버린 시간을
의미하기 때문이다.

내가 직장에서 일할 때, 회의만큼 신경을 거스른 것도 없었다. 일정표에 회의가 적혀 있는 것을 볼 때마다 속이 부글거렸다. 그 시간은 곧 잃어버린 시간이란 뜻이었기 때문이다.

회의가 불필요하다고 생각했다는 게 아니다. 내가 참여하는 프로젝트는 다른 사람들과 협업이 필수적이었다. 각 구성원의 진행률을 계속 업데이트하고 때론 공동의 문제를 해결하기 위해 협업해야 했기에 회의는 필수적이었다.

내가 회의를 싫어하게 된 것은 회의가 내 일정에서 빼앗아 가는 시간이 너무 많기 때문이었다. 1시간 안에 끝나는 회의는 거의 없었다.

사실 1시간 이상 지속되는 회의가 필요한 경우는 손에 꼽을 정도였다. 대부분 회의는 모두가 편하게 자리에 앉아 있기 때문에 길어진다. 설상가상으로 음식을 먹으며 회의를 할 때도 있다. 회의를 빨리 끝내야 할 동기가 전혀 없는 상태인 것이다.

시간이 흐르며 나는 지나치게 긴 회의를 피하는 데 도움이 되는 방법을 발견했다. 누군가 나와 무언가를 논의하길 원하며 회의를 잡자고 하면, 나는 당장 그 문제에 대해 이야기를 나누자고 했다. 회의실이 아니라 자리에서 서서 할 수 있다면 더 좋았다.

그런 논의는 1시간씩 걸리지 않다는 걸 발견했다. 보통 10분이면 충분했다. 간혹 5분 만에 끝나는 경우도 있었다. 버진 그룹 회장이었던 리처드 브랜슨은 이런 말을 한 적이 있다.

"한 가지 주제에 관한 회의가 10분 이상 걸리는 경우는 드물다."

일정표에서 회의를 없애자 많은 면에서 좋았다. 우선, 깊은 생각과 집중이 필요한 일에 몰두할 수 있었다. 불필요한 회의에 참석하기 위해 일의 흐름을 끊지 않아도 돼서 좀 더 쉽게 몰입 상태에 도달할 수 있었다. 그 덕분에 무슨 일이 주어지든 더 잘 집중하고 흐름이 생겨 일을 완성하기가 더 쉬워졌다.

보통 하루를 어떻게 보내는지 생각해보자. 많은 시간을 회의에 사용하는가? 그 시간을 좀 더 생산적인 용도로 사용하기 위해 되찾고 싶은가? 별로 가치도 없을 회의에 참석하기 위해 당신의 일은 제쳐둬야 해서 집중이 깨지는 상황에 질렸는가? 그렇다면 아래의 방법을 참고해보길 바란다.

- 누군가 회의를 요청하면 바로 즉석에서 회의를 하자고 제안한다.
- 회의에 참석해야만 한다면, 서서 하는 것을 제안한다.
- 음식을 먹으면서 하는 회의는 피한다.
- 당신이 회의의 일정을 잡는 책임을 맡았다면, 평균보다 적은 시간을 할당한다. 가령 1시간 대신 15분짜리 회의를 잡는다.
- 10명 이상이 참석하는 회의는 피한다.
- 명시한 의제만을 다루자고 요청한다.
- 모든 회의는 점심 이후에 하자고 요청한다. 대부분의 사람들은 아침 시간에 집중력과 생산성이 높다. 이 소중한 시간을 중요한 일을 하는 데 사용하도록 한다.

회의에 투입되는 시간을 줄이면 당신의 일과 프로젝트에 더 많은 시간을 쓸 수 있다. 하지만 그보다 더 큰 이점은 집중한 상태에서 일할 수 있는 자유가 생기는 것이다. 일의 흐름을 깨고 생산성을 잡아먹는 회의에 참석하기 위해 당신의 업무 흐름을 무작위로 깨뜨릴 필요가 없다.

회의를 줄이고 당신의 해야 할 일 목록에 있는 중요하고 가치 있는 과업에 주의를 기울임으로써 주의력을 관리하고 방해 요소들을 퇴치하는 일을 더 잘할 수 있게 될 것이다.

타인의
요구에

즉각적으로
반응하지 않는 법

———————————— • ————————————

**당신만큼 당신의 시간과 집중력에
신경을 쓰는 사람은 없다.
다른 사람들은 당신의 집중력에 대해
전혀 책임지지 않는다.**

당신만큼 당신의 시간과 집중력에 신경을 쓰는 사람은 없다. 다른 사람들은 당신의 집중력에 대해 책임지지 않는다. 그러니 집중력을 관리하는 건 당신에게 달렸다.

타인의 즉흥적인 요구에 끊임없이 응답해야 하는 흐름을 피하고 싶다면, 당신의 시간을 내어주는 것에 관한 규칙을 세워야 한다. 그리고 그 규칙들을 당신의 일을 방해할 가능성이 가장 큰 사람들에게 설명한다. 그렇게 하지 않으면 원치 않는 타인의 간섭을 받아 제대로 된 집중은 꿈도 꿀 수 없고, 그 결과 생산성과 일의 완성도가 형편없이 떨어질 것이다.

첫 단계는 당신의 업무 흐름을 깨뜨리는 가장 흔한 상황을 파악하는 것이다. 몇 가지 가능한 시나리오는 아래와 같다.

- 동료들이 수다를 떨거나 도움을 요청하기 위해 당신의 자리에 들른다.
- 사람들이 사전 예고도 없이 들른다.
- 친구와 가족이 전화를 받아줄 거라 기대하고선 전화를 건다.
- 동료들이 이메일을 보내고선 1시간 안에 답장을 기대한다.
- 친구들이 문자를 보내고선 몇 분 안에 답장을 기대한다.

당신의 집중력과 생산성에 가장 큰 영향을 미치는 부담스러운 기대는 당신의 인생에 등장하는 극소수의 사람들로부터 올 수 있다. 이 점을 명심하고, 두 번째 단계로 집중력 훼방꾼의 명단을 작성한다.

수다를 떨기 위해 당신의 사무실에 자주 들르는 동료, 전화와 이메일에 즉시 답하지 않는다고 자주 짜증을 내는 가족, 하루에 수십 통의 문자를 보내고서 바로 답장을 보낼 거라 기대하는 친구, 집에 있는 것을 알고 예고도 없이 자주 들이닥치는 이웃을 생각해보자. 아마도 이러한 최악의 훼방꾼들은 한 손에 꼽을 수 있을 정도일 것이다.

세 번째 단계는 집중력 훼방꾼의 기대를 재설정하는 방법을 궁리해내는 것이다. 수년 전 나는 점점 늘어가는 간섭과 덩달아 늘어가는 스트레스로 감정적으로 대처하고 말았다. 당시 아무것도할 수 없었기에 엄청난 심적 압박감을 느꼈고, 그 결과 걸핏하면발끈하곤 했다. 결국 나는 불붙은 화약통처럼 폭발하고 말았다.이런 대처법을 권하고 싶지 않다. 감정이 상하고 관계가 망가지는 지름길이다.

이런 대처법 말고 최악의 훼방꾼들을 다루는 온건한 방법을 궁리하라. 예컨대 수다를 떨기 위해 당신의 사무실에 자주 들르는동료의 기대를 재설정하려 한다고 치자. 다음과 같은 방법을 시도할 수 있다.

"샘, 나도 당신과 수다 떠는 게 좋아요. 하지만 아침 시간은 제가 일이가장 잘 되는 때예요. 그러니 1시에 다시 오면 안 될까요?"

이렇게 대처하면 샘을 존중하면서도 당신이 지금은 수다를 떨수 없음을 분명하게 알리는 것이다. 게다가 당신은 1시에 다시오라고 제안함으로써 시간을 통제하기까지 한다. 1시는 당신의집중력이 낮아지는 점심 직후다.

타인의 기대를 재설정하는 걸 두려워하지 마라. 명심하라. 그들은 알아서 기대를 조정해주지 않는다. 좌절감이 쌓이고 쌓여 불붙은 화약통처럼 폭발하는 지경에 이르게 방치하지 마라. 최악의 훼방꾼들에 대해 점잖고 친절하게 대처하면, 의외로 수용적인 태도에 놀랄 수 있다.

"유일한 진정한 행복은
목적을 위해
몰입하는 데서 온다."

_윌리엄 쿠퍼 William Cowper

스마트폰 중독을
해결하는

가장 빠른
방법

———————— • ————————

스마트폰에 중독되어 손에서 휴대폰을
놓을 수 없을 때 어떻게 해야 하나?
스마트폰을 일정 시간 볼 수 없게 만드는
강력한 시스템을 구축하라.

스마트폰은 언제든 집중력을 깨뜨릴 수 있다. 스마트폰에서 들리는 각종 소리와 진동에 응답하지 않는다 해도 집중력에 해가 될 수 있다.

2015년《실험심리학저널》에 이 효과를 뒷받침하는 연구가 발표되었다. 플로리다주립대학교 학부생 212명을 대상으로 그들의 집중력을 모니터했다. 학생들은 전화를 받은 사람, 문자를 받은 사람, 어떤 종류의 알림도 받지 않은 사람, 이렇게 세 집단으로 나뉘었다. 연구자들은 이 실험을 통해 다음과 같은 결과를 발견했다.

"참가자들이 과업을 수행하는 동안 스마트폰을 하지 않았을 때조차 휴대폰의 알림만으로도 과업의 수행에 현저하게 방해가 되었다."

당신도 이 사실을 일상에서 매일 몸소 경험하고 있을 것이다. 당신이 하고 있는 일과 무관한 통화와 문자는 집중력을 깨뜨린다. 스마트폰에 손을 뻗는 행위만이 집중력을 깨뜨리는 게 아니라는 게 중요하다. 스마트폰의 알람도 방해 요소다. 알림들이 주의를 끌며 확인할 때까지 계속 신경을 거슬리게 한다.

이러한 이유에서 일하는 동안 스마트폰을 꺼둘 것을 강력하게 권한다. 그러면 집중을 훨씬 잘할 수 있다. 다른 방해 요소들을 퇴치하는 일도 훨씬 수월해질 것이다. 마지막으로 소셜미디어를 확인하느냐 잡아먹는 시간을 없앨 수 있다.

스마트폰의 방해가 사라지면, 일에 집중할 수 있다. 좀 더 생산적이 되고, 실수가 줄고, 그 과정에서 마음의 여유가 더 생긴다. 또한 좀 더 많은 일을 완수하거나 더 깊은 주의를 더 많이 요하는 일을 처리할 수 있기 때문에 기분이 좋아진다.

스마트폰에 중독되어 있다면 어떻게 해야 할까? 간단한 해법이 있다. 스마트폰 중독에 대처하는 것을 돕고자 개발된 앱들이 많다. 이러한 앱들을 통해 일정 시간 동안 당신이 택한 다른 앱들을 차단할 수 있다.

가령 2시간 동안 소셜미디어와 문자 앱을 차단할 수 있다. 심지어 당신이 설정한 시간 동안 인터넷 액세스를 불가능하게 할 수도 있다. 이러한 도구들을 사용하면 스마트폰의 알림이 집중을 방해하여 일을 못 하게 만들 위험이 줄어든다. 스마트폰 중독자에게 안성맞춤이다.

나는 일하는 동안 스마트폰을 꺼둔다. 사실 이게 더 간단한 해법이다. 집중력이 날카로워지고 생산성이 올라가는 게 스마트폰을 꺼둘 때 누리게 되는 이점의 전부가 아니다. 내가 전화와 이메일에 언제 답할지에 대한 타인들의 기대를 재설정하는 데도 도움이 된다.

당신도 시도해보라. 다음번에 집중을 해야 할 때, 스마트폰을 꺼라. 좀 더 집중할 수 있고, 마음에 여유가 생기고, 기분이 좋아질 것이다.

에너지의
텐션에 따라

업무 흐름을
조정한다

────────── • ──────────

에너지가 높을 때
집중력도 생산성도 더 좋다.
에너지가 낮을 때는 방해 요소에
더 쉽게 주의를 빼앗긴다.

우리의 에너지 수준은 하루를 보내며 오르락내리락한다. 에너지가 높을 때 집중력도 생산성도 더 좋다. 에너지가 낮을 때는 집중을 잘 못하고 방해 요소에 더 쉽게 주의를 빼앗긴다. 해법은 이러한 흐름을 파악하여 최대한 이용하는 방식으로 업무 흐름을 짜는 것이다.

첫 번째로 시간표를 작성한다. 가장 좌측 열에 15분 간격으로 하루의 시간을 나누어 적는다. 아침에 일어나는 시간부터 시작하여 밤에 취침하는 시간을 채운다.

다음 열에는 '에너지 강도'라는 제목을 붙인다. 여기에 하루 동안 시간의 추이에 따라 변하는 당신의 에너지 수준을 1부터 5까지로 표시한다.

그다음 열에 '참고'란을 만든다. 오르내리는 에너지 수준과 관련한 디테일을 기록한다. 가령 아침 8시 15분 칸에 아침 식사를 했다고 적고, 참고란에 먹은 음식을 적을 수 있다. 이러한 디테일은 나중에 나의 에너지 흐름을 검토할 때 유용하다.

이렇게 2주간 에너지 수준을 추적한다. 1에서 5 사이의 값을 표에 입력하여 하루의 여러 시점에 에너지 수준을 표시한다. 얼마나 자주 적을지는 전적으로 당신에게 달려 있지만, 다음과 같은 시간에 에너지 수준을 기록하는 것을 추천한다.

- **오전 8시**(커피 마신 후)
- **오전 10시**(아침 식사 후)
- **오후 12시**(점심 식사 전)
- **오후 1시 30분**(점심 식사 후)
- **오후 3시**(오후에 늘어지는 시간)
- **오후 5시**(하루 일과 끝)
- **오후 7시**(저녁 식사 후)
- **오후 10시 30분**(취침 즈음)

이 시간들이 에너지 수준에 영향을 줄 수 있는 일들이 벌어지는 전후라는 점에 주목하라. 가령 아침 식사가 내 에너지에 어떻게 영향을 주는지 알아보고 싶다면, 식사 후 대략 30분이 지난 시점인 오전 10시의 에너지 수준을 기록하는 식이다.

'참고'란에 디테일을 잘 기록하는 것도 중요하다. 예컨대 내가 점심을 든든히 먹었는지(파스타) 아니면 건강식을 했는지(치킨 샐러드)를 기록했다. 2시 30분에 가벼운 산책을 했다면, 오후 3시 칸에 그 내용을 적었다. 이렇게 기록된 정보들은 하루 종일 나의 에너지 수준과 집중력을 더 잘 관리하는 데 사용된다.

마지막으로 2주간의 기록을 완료했다면 전체적으로 검토한다. 표에 입력된 매일의 기록을 자세히 살펴보고 나의 집중력의 추이를 분석한다. 에너지 수준이 낮은 시간들과 높은 시간들을 찾아낸다.

예를 들어, 에너지 수준이 오후 3시경에 급격히 떨어진 후 오후 5시경에 또 한 차례 떨어지는 것을 발견했다. 또 아침 식사용 도넛, 점심 식사 후 아이스크림 등과 같이 건강에 좋지 못한 식품들이 에너지 수준에 부정적인 영향을 미친다는 걸 깨달았다. 이와 반대로, 야외에서 5분 걷기, 10분간 팔굽혀펴기 등 짧고 강한 운동은 긍정적인 영향을 미쳤다.

일단 하루 중 에너지가 낮을 때와 높을 때를 파악하고 나면, 그것을 보완하는 방식으로 업무 흐름을 조정한다. 상당한 집중력을 요하는 일은 에너지 수준이 높은 시간에 배치한다. 반대로 이메일에 답장하거나, 전화를 걸거나, 회의 일정을 잡는 일과 같이 비교적 집중이 쉬운 일은 에너지 수준이 낮은 시간에 배치한다.

아울러 에너지 수준이 높은 시간을 더 잘 활용하기 위해 일상을 어떻게 바꿀지 생각해본다. 가령 표를 분석한 후, 정크 푸드가 에너지 수준을 심각하게 저해한다는 것을 알아챘다면 집중력이 더 필요한 날에는 햄버거 먹는 것을 의식적으로 피하는 식으로 대처할 수 있다.

핵심은 에너지 수준이 당신이 얼마나 집중할 수 있는지를 결정하지만 하루 종일 높은 에너지 수준을 유지할 수 없다는 데 있다. 우리의 뇌는 그런 식으로 설계되지 않았다. 그러므로 표에서 에너지 수준의 추이를 추적한 후, 그 정보를 이용하여 업무 흐름을 조정하면 집중력 문제가 해결된다.

"순간을 사랑하라.
그러면 그 순간의 힘이
모든 경계를 넘어
퍼져 나가리라."

_코리타 켄트 Corita Kent

잠시
눈을 감고

명상을
한다

---·---

3분 동안 눈을 감고 호흡에 집중한다.
이 단순한 호흡법이
집중력을 얼마나 높일 수 있는지
깜짝 놀라게 될 것이다.

명상이 집중력을 높인다는 건 전혀 놀랍지 않다. 내면의 안정감을 되찾는 효과적인 방법이기 때문이다. 명상은 당신을 짓누르는 스트레스와 방해 요소를 없애고 오롯이 현재에 머물게 하는 도구다.

연구자들은 명상이 주의력에도 도움이 된다는 걸 발견했다. 2007년,《국립과학원회보》Proceedings of the National Academy of Sciences에 40명의 중국인 대학생으로 구성된 집단을 추적한 연구가 실렸다. 명상으로 시간을 보낸 후 집중력이 눈에 띄게 개선된 것을 밝혔다.

명상을 한다고 해서 무조건 초를 키거나 인센스를 사용해야 하는 게 아니다. 양반다리로 앉아 반복해서 '음' 소리를 내야 하는 것도 물론 아니다.

내가 이런 말을 하는 이유는 많은 사람들이 명상에 대해 잘못 알고 있기 때문이다. 예복을 차려입은 민머리 승려가 휑한 절에서 눈을 감고 엄지와 검지를 맞붙인 채 다리를 포개고 앉아 있는 모습을 흔히 상상한다. 이것이 사람들의 마음에 '명상'하면 바로 떠오르는 대표 이미지가 되어 버렸다. 많은 사람들이 일단 거부감을 느낄 만도 하다.

사실 명상에는 많은 종류가 있다. 일부는 아주 간단해서 평온하고 조용하기만 하다면 어디서든 할 수 있다. 게다가 단 몇 분이면 된다. 시간이 별로 없을 때 유용한 방법이다.

나는 마음챙김 명상을 한다. 심신을 이완하고 호흡에 집중하는 간단한 명상법이다. 3분간 타이머를 설정하고 눈을 감는다. 그러고 나서 느리고 깊게 호흡한다. 날숨과 들숨 하나하나에 집중하고 다른 모든 생각들은 무시한다.

나는 대개 책상에서 이 명상을 한다. 조용하기만 하면 어디서든 할 수 있다. 앉아서도, 서서도 할 수 있다. 당신이 선택하면 된다. 원한다면 눈을 뜨고도 할 수 있다. 그럴 경우 사무실에 있는 책이나 당신이 앉아 있는 공원에 있는 나무와 같이 가까이에 있는

한 가지 물체에 집중하는 방법을 권한다. 단 몇 분이면 이완되고 기분이 상쾌해지고 명료해짐을 느낄 수 있다.

한 번도 해보지 않았다면, 가장 간단한 종류부터 시작하라고 권하고 싶다. 타이머를 3분에 맞춰 놓고 눈을 감고 호흡에 집중한다. 이 단순한 호흡법이 집중력을 얼마나 높일 수 있는지 깨닫고 나면 깜짝 놀라게 될 것이다.

이메일은
하루에

딱 2번만
확인하라

———————— • ————————

이메일을 확인하는 순간
그 악명 높은 토끼 굴에 빠져들고 만다.
하루 중 이메일을 확인할
두 번의 시간을 정해놓아라.

이메일의 문제점 가운데 하나는 이메일을 확인하는 일이 해가 될 게 없어 보인다는 점이다. 우리의 뇌는 금세 확인할 수 있다고 설득한다. 그래서 잠깐이면 되겠지 하며 구글, 아웃룩 혹은 야후에 로그인한 후 계획보다 훨씬 긴 시간을 보내고 만다. 예상대로다.

문제는 이메일이 주요한 집중력의 방해 요소라는 데 있다. 이메일의 브라우저 탭을 열어두고 일을 하면, 신규 메시지가 얼마나 무시하기 힘든지 알 것이다. 누가 보냈는지, 무슨 내용인지 확인하고 싶다. 눈앞의 일에 집중해야 한다는 걸 알지만, 당신의 뇌는 누군가 바로 답장을 받아야 할 수 있다고 주장한다. 그래서 그만 이메일을 확인하고 그 악명 높은 토끼 굴에 빠져들고 만다.

이메일 프로그램을 열어둔 채 일을 하면 또 다른 문제가 생긴다.

놓치는 것에 대한 두려움인 '포모'fear of missing out, FOMO를 조장한다. 신규 문자가 도착하자마자 스마트폰을 확인하게 만드는 것과 같은 두려움이다. 친구와 어울릴 기회든, 최신 가십거리로 수다에 참여할 기회든, 새로운 인터넷 밈을 볼 기회든 우리의 뇌는 그 기회를 놓치고 싶지 않다. 안타깝게도 이런 유혹에 굴복하면 집중력이 파괴된다.

적어도 하루 중 대부분의 시간 동안 이메일을 안 볼 것을 권한다. 지메일의 브라우저 탭을 열어 둔 채 일하지 말라. 내킬 때마다 이메일을 확인하지 마라. 당신이 앞서 보낸 이메일에 대한 답장이 와 있는지 확인하지 마라.

하루 중 이메일을 확인할 두 번의 시간을 정한다. 당신의 에너지 수준과 업무 흐름의 생산성을 고려하여 적당한 시간으로 고른다. 가령 현재 나는 매일 정오와 오후 5시경에 메일을 확인한다. 아침 시간에는 확인하지 않는다. 한 번 확인하기 시작하면 너무 쉽게 빠져들어 너무 많은 시간을 읽고 답장하는 데 보내게 되기 때문이다. 당신의 에너지 수준과 해야 할 일에 따라 나오는 완전히 다른 일정을 짤 수 있다. 아래의 프로세스를 이용해 이메일 확인 시간을 정해보자.

일정을 검토한다

언제 이메일을 반드시 확인해야 하는지 스스로 묻는다. 몇 시간 동안 이메일을 피한다고 해서 큰일이 나지 않음을 명심하라.

하루 중 2번의 시간을 정한다

2주간 당신의 에너지 수준을 추적하고 나면, 당신의 에너지 수준이 어떻게 오르내리는지 파악할 수 있다. 하루 중 에너지 수준이 낮은 두 시점을 골라 그때 이메일을 확인한다.

다른 사람에게 당신의 이메일 방침을 알린다

당신의 상사, 동료, 친구, 가족들은 그들이 보낸 이메일에 당신이 얼마 만에 답장하는지에 관해 나름의 기대가 있을 것이다. 앞으로 하루에 2번만 이메일을 확인할 거라는 걸 알리고 그 시간을 알려준다. 그렇게 하면 그들은 기대를 바꿀 것이다.

이메일에 중독되어 있다면, 당장 이 방법이 어려울 수 있다. 시간을 충분히 갖고 이 방침에 익숙해지도록 한다. 아울러 다른 일에 집중해야 하는데 이메일을 확인하고 싶은 생각이 들 때마다 이렇게 자문한다.

"고작 몇 시간 동안 이메일을 피한다고 해서 무슨 큰일이 생기겠어?"

최악의 시나리오가 발생할 가능성은 낮으니 타당한 걱정이 아니라는 걸 깨닫게 될 것이다.

"끈질긴 집중이야말로
위대한 성공의 기초다."

_아이작 뉴튼 Isaac Newton

매일의
루틴을 만들어

무의식에
체계화해라

우리의 뇌는 체계를 좋아한다.
그래야 정신을 빼앗기지 않고
정해진 다음 행동에만
집중할 수 있기 때문이다.

그때그때 되는 대로 사는 걸 좋아한다고 생각하지만, 사실 우리의 뇌는 정해진 루틴에 따르는 것을 좋아한다. 뇌는 체계를 좋아하기 때문에 무슨 일이 올지 미리 알고 싶어 한다. 그래야 다음에 올 수 있는 수많은 잠재적인 행동들에 의해 정신을 빼앗기지 않고 정해진 다음 행동에만 집중할 수 있기 때문이다.

이것이 바로 고도로 생산적인 사람들이 매일의 루틴을 따르는 가장 큰 이유다. 이러한 사람들은 주의력을 요하는 과업에 더 많은 인지적 자원을 쏟아부을 줄 안다. 따라서 더 효율적으로 일할 수 있고, 결과적으로 더 많은 일을 해낸다.

루틴에 따라 사는 사람들은 행동할 이유가 있는지 매번 확인할 필요가 없다. 충분한 의지력이 있는지에 대해서도 걱정할 필요가 없다. 루틴이 그저 행동하게 만들기 때문이다.

의식하지 않아도 어느 정도 하루 일과는 어떤 패턴을 따르고 있을 것이다. 대부분의 사람의 패턴은 짧다. 그 결과 루틴이 더 길다면 누릴 수 있는 집중력 향상의 기회를 놓친다. 예컨대 아침에 일어나면 대개 다음과 같은 루틴을 거친다.

- **양치를 한다.**
- **욕실을 사용한다.**
- **샤워를 한다.**
- **머리를 말리기 위해 드라이어를 켠다.**
- **옷을 입는다.**
- **아침 식사를 한다.**

이러한 연속된 행동을 하면서 당신은 다음에 할 일이 무엇인지 딱히 생각할 필요가 없다. 수년간 같은 루틴을 반복해왔기 때문이다. 전체적인 순서와 개별 행동은 반복을 통해 당신의 마음에 깊이 새겨졌다. 그 결과 주의력이 분산되지 않은 채 전체 루틴을 효율적으로 완수할 수 있다. 무의식적으로 각각의 행동에 자동으로 집중하는 것이다.

무의식이 하는 이 특별한 주의 집중을 일과 시간 중 집중력을 폭발시키기 위해 이용할 수 있다. 반복되는 과업을 수행하게 만드는 매일의 루틴을 만들기만 하면 된다. 가령 매일 다음의 일들을 해야 한다고 가정하자.

- **이메일을 확인한다.**
- **전화 회신을 한다.**
- **상사에게 제출할 일일 보고서를 작성한다.**
- **프로젝트에 대해 논의하기 위해 동료들과 회의를 한다.**

물론 당신에겐 언젠가 처리해야 할 많은 다른 일들이 해야 할 일 목록에 남아 있다. 매일의 루틴을 가상으로 짜보면 다음과 같은 모습일 수 있다.

- **오전 8시: 사무실 도착**
- **오전 8시~8시 반: 해야 할 일 목록과 기한이 임박한 프로젝트 확인. 급하게 처리해야 할 일들을 목록에 추가**
- **오전 8시 반~9시 반: 일일 보고서 작성**
- **오전 9시 반~9시 45분: 휴식**
- **오전 9시 45분~11시: 일일 보고서 작성**
- **오전 11시~11시 20분: 프로젝트에 대해 논의하기 위해 동료들**

과 회의

- 오전 11시 20분~12시: 일일 보고서 완성

- 오후 12시~1시: 점심 식사. 이메일 확인 및 답장

- 오후 1시~1시 반: 전화 회신

- 오후 1시 반~2시 15분: 최소한의 에너지를 요하는 일 처리

- 오후 2시 15분~2시 반: 휴식

- 오후 2시 반~3시 반: 최소한의 에너지를 요하는 일 처리

- 오후 3시 반~3시 45분: 다음 날의 우선순위에 대해 상사와 회의

- 오후 3시 45분~4시: 휴식

- 오후 4시~5시: 중간 수준의 에너지를 요하는 일 처리

- 오후 5시~5시 15분: 이메일 확인 및 답장

- 오후 5시 15분~5시 30분: 그날의 성과 검토와 다음 날의 해야 할
  일 목록 작성

- 오후 5시 30분~5시 40분: 사무실 책상 정리

위의 루틴이 시간 블록으로 이루어진 것도 집중력을 높이는 데
긍정적이다. 이메일, 전화, 보고서와 같이 반복되는 항목들을 처
리하기 위해 시간 블록을 할당하는 것이다. 시간이 지나며 되풀
이되면, 이 패턴은 당신의 무의식 속에 깊이 뿌리 내린다. 그러면
당신의 뇌는 다음에 무슨 일이 올지 예상할 수 있게 된다.

내면의
완벽주의자를

길들이는
3단계

완벽주의는 일의 완성도를 높여주지만
문제는 그 목표에 지나치게 집착해
업무 흐름을 방해해
몰입하지 못하게 만든다.

다른 사람들의 간섭은 우리의 집중력을 떨어뜨린다. 동료, 친구, 가족이 우리의 일을 방해하고 집중을 깨뜨리고 몰입을 방해한다. 그렇다면 내가 내 일을 간섭하는 것은 어떨까?

당신은 기사를 쓰고 있거나 보고서를 작성 중이거나 이메일에 답장을 하고 있다. 그러는 와중에 자주 멈추고 자잘한 정보들을 검색하거나 데이터를 검증하거나 작성된 글을 편집한다. 이렇게 한 템포 업무를 멈출 때마다 업무 흐름에 방해가 된다. 더불어 집중력도 현저히 떨어진다.

완벽주의자들이 공통적으로 경험하는 문제다. 그들은 지금 하고 있는 일의 완성도가 높지 않으면 진도를 나아가지 못한다. 안타깝게도 완벽주의는 주의력을 자유자재로 통제하고 일을 완수하는 걸 방해한다.

나 역시 글을 쓸 때 이런 문제를 겪었다. 모든 문장이 완벽해야지만 다음 문장으로 넘어갈 수 있었다. 종종 글을 쓰다가 단락 중간에서 멈추고 앞 단락으로 돌아가 편집했다. 스스로 끊임없이 간섭하느라 집중하기 힘들었다.

이런 경우 내면의 완벽주의자를 길들이는 법을 배워 스스로 하는 간섭을 멈출 수 있다. 이제 나는 첫 번째 원고가 완성된 후 퇴고를 하면 훨씬 더 좋아질 거라고 확신하기에 중간에 멈추지 않고 글을 쓴다. 그 결과 훨씬 쉽고 오래 집중할 수 있다.

완벽주의가 당신을 간섭하려 들면 아래의 3단계 전략을 시도해보라. 순서대로 따라가다 보면 내면의 완벽주의가 잠잠해질 것이다.

일단 작업을 이어가라

실수를 고치거나 글을 교정하지 않은 채 10분간 계속 이어서 작업한다. 이렇게 하면 눈에 띄는 실수를 저지른 후에도 되돌아가지 않고 계속 일하도록 훈련이 된다. 간단해 보이지만 막상 시도하면 처음에는 쉽지 않다. 아마 내면의 완벽주의자가 반발하며 하던 일의 앞으로 되돌아가고 싶은 충동을 느낄 것이다. 하지만 이를 조금만 견디면 익숙해질 것이다.

검색을 멈춰라

10분 동안 작업을 이어갈 때, 특정한 내용이나 데이터를 검색해야 하면 작업 중인 문서에 그 부분을 그냥 'XYZ'라고 적어둔다. 굳이 그 정보를 찾기 위해 멈추지 말고 하던 작업을 계속한다. 빈칸은 나중에 채울 수 있다.

점차 집중 시간을 늘려라

10분이 지났다면 검색이 필요한 일이나 수정할 부분을 검토한다. 집중 시간을 점차 10분을 20분, 30분으로 늘려가면 훨씬 효율적으로 해야 하는 일을 처리할 수 있다.

• • •

이 3단계 전략을 사용하게 되면 효율성이 수직 상승한다. 작업 중 끊임없이 멈추면 다시 집중하는 데 시간이 걸리지만, 끊지 않

고 업무를 이어가면 몰입하기 더 쉬워진다. 그 결과 집중이 잘
되고 방해 요소를 쉽게 무시하게 된다.

당신 내면의 완벽주의자가 선의를 가진 것은 분명하다. 당신이
하는 일의 완성도를 높여주려고 한다. 문제는 그 목표에 지나치
게 집착하는 것이다. 업무 흐름을 계속해서 방해하여 일에 탄력
이 붙는 것을 막는다. 집중력을 높이기 위해 내면의 완벽주의자
를 길들여라. 결국에는 적은 시간에 더 좋은 결과물을 더 많이
내놓을 수 있게 될 것이다.

"당신은 몰입하는 일을
하고 있는가?"

_보도 섀퍼 Bodo Schäfer

카페인
섭취량을

점검하라

———————————— • ————————————

적정량의 카페인을 섭취하면
집중력에 오히려 이롭다.
문제는 지나치게 많은 양의
카페인을 섭취하는 데 있다.

적정량의 카페인을 섭취하면 집중력에 도움이 된다. 연구에 따르면 적정량의 카페인은 에너지를 높이고, 기억력을 개선하고, 기분을 고양시킨다. 심지어 정신적인 각성 수준도 끌어올릴 수 있다.

문제는 많은 사람들이 지나치게 많은 양의 카페인을 섭취하는 데 있다. 그 여파로 지속적인 불면증, 불안, 스트레스 수준 상승, 혈압 상승을 겪는다. 또한 지나친 카페인 섭취가 불안장애로 이어질 수 있음을 보여주는 연구도 있다.

매일 우리가 섭취하는 카페인의 양이 집중력에 영향을 주는 게 분명하다. 안타깝게도 많은 사람들이 깨어있는 시간 내내 뭔가를 잘할 수 있다고 잘못 생각하여 건강에 이로운 정도를 넘어서 많은 양의 카페인을 섭취한다.

깨어있는 것과 집중 상태에 있는 것은 분명 다르다. 핵심은 일일 카페인 섭취량을 적정량으로 제한하는 것이다. 건강 전문가들은 약 400밀리그램을 적정량이라고 주장한다.

적정량 이상을 마시고 있다면 당신의 집중력은 이미 손상을 입고 있을 공산이 크다. 그러니 카페인 섭취량을 줄여라. 그러면 이완되고 수면의 질이 좋아질 뿐만 아니라 주의력 관리도 더 잘될 것이다.

의사가 달리 권하지 않는 한, 카페인을 완전히 끊을 필요는 없다. 적정량의 카페인 섭취는 이롭다. 하지만 매일 여러 잔의 커피를 마신다면, 이제 건강을 위해 바뀌어야 할 때다.

과거에 나는 매일 약 1000밀리그램의 카페인을 섭취했다. 중독이라는 표현만으론 부족했다. 그 당시 나는 매일 4시간만 잤다. 카페인이 나를 깨어있게 하기 때문에 내가 다 잘해내고 있다고 착각했다. 설상가상으로 매일 최소한만 자고 버티는 게 높은 생산성이라고 생각했다.

실상 나는 완전히 엉망이었다. 집중력이 없어서 아주 간단한 일에도 집중하기 힘들었다. 책이나 잡지 몇 장을 읽고선 뭘 읽었는지 기억할 수 없었다. 나는 끊임없이 정신이 분산되어 있었다.

원흉은 지나친 카페인이었다. 일단 카페인 섭취량을 줄이자 집중력이 되살아났다. 매일 지나치게 많은 카페인을 섭취하고 있다면 스스로에게 몹쓸 짓을 하고 있는 것이다.

카페인 중독이라면 카페인양을 줄이는 게 처음에는 힘들다. 뇌가 매일 일정량의 카페인에 이미 익숙해졌기 때문이다. 하지만 시간이 흐르면 뇌도 줄어든 양에 익숙해질 것이다.

FAST FOCUS

PART 4

실전!
집중력 개선 시스템을
일상생활에 적용하기

그 어느 때보다 많은 사람들이 스타벅스 같은 카페나 공용 오피스에서 일을 하고 있다. 휴대폰을 가까이에 두고선 일하다 말고 집어 들고 수시로 문자와 이메일을 읽고 보낸다. 심지어 이 앱 저 앱 들여다보는 사람도 있다.

또한 누군가 카페나 공용 오피스에 새롭게 들어올 때마다 고개를 들어 쳐다보기도 한다. 심지어 서로 아는 사이면 급기야 수다를 떨기 위해 다른 사람의 테이블로 다가가 상대방의 집중력을 깨뜨리기도 한다. 무슨 일을 할 때 공용 오피스나 카페에서 한다면, 혹은 사무실이라도 여러 사람이 같이 쓰는 공간이라면 십중팔구 위와 같을 것이다. 그러한 간섭이 얼마나 집중력을 갉아먹고 일의 흐름을 깨는지 당신도 직관적으로 잘 안다.

지금부터는 스타벅스와 같은 다른 사람과 함께 있는 장소에서 일할 때 집중력을 유지시켜주는 아주 빠르고 간단한 방법을 소개하고자 한다. 이 조언들을 실천에 옮기면 장소가 어디든지 일에 계속 집중하기가 훨씬 수월해질 것이다.

벽이나 파티션으로

공간
분리시키기

———————— • ————————

마치 눈가리개를 쓰는 것과 유사하다.
벽을 바라봄으로써
집중을 깨뜨릴 수 있는
외부 자극을 제한하는 것이다.

카페에서 자리를 잡을 때 보통 벽을 등지고 앉으려는 게 자연스럽다. 하지만 바로 그게 문제다. 홀 안을 바라보고 앉으면 모든 게 한눈에 들어온다. 나도 모르게 사람들을 관찰하고 싶은 유혹이 생긴다. 카페에 들어오고 나가는 사람이 많을수록, 일에서 눈을 떼고 그들을 쳐다보고 싶어진다.

설상가상으로 이 유혹은 시간이 지날수록 커진다. 당신의 뇌가 피로해지고 외부 자극에 반응하고 싶어지면서 지속적으로 집중하는 게 점점 더 어려워진다. 그래서 벽을 바라보고 앉는 걸 권한다. 이렇게 하면 벽과 노트북 말고는 별로 볼 게 없으니 주의가 덜 분산된다.

마치 눈가리개를 쓰는 것과 유사하다. 벽을 바라봄으로써 집중을 깨뜨릴 수 있는 외부 자극을 제한하는 것이다. 물론 항상 이렇게 할 수 있는 것은 아니다. 어디에 앉느냐는 공간의 제약에 영향을 받는다. 사람이 많으면 어쩔 수 없이 창가에 앉게 되어 바깥 풍경이 한눈에 들어와 주의가 쉽게 분산될 수 있다. 아니면 카페에 사람이 너무 많아 매장 한가운데에 위치한 테이블에 앉을 수밖에 없을 수도 있다.

"집중력은
마음의 근육이다.
집중하는 습관을 들임으로써
마음의 근육인 집중력을
발달시킬 수 있다."

_대니얼 골드만Daniel Goldman

사람들이
드나드는

출입문이
신경 쓰일 때

───────── • ─────────

출입문에 누군가 들어올 때마다
고개를 들어 쳐다보게 된다면
집중하여 일을 계속하는 게
거의 불가능하다.

카페에 앉아 있다 보면 누가 들어오는지 보지 않을 수 없다. 아는 사람인가? 나이는 어느 정도인가? 무엇을 입었는가? 분위기는 어떤가? 직업은 무엇일까? 늘 오던 사람인가 아니면 처음 오는 사람인가?

문제는 이 경향성이 우리가 집중하고 계속 몰두하는 능력을 심각하게 떨어뜨리는 데 있다. 우리는 출입문을 바라볼 때마다 집중력이 깨지는 바람에 우리의 뇌는 다시 일로 돌아가기 위해 소중한 시간을 사용해야 한다. 해법은 간단하다. 출입문을 무시하면 된다.

하지만 말처럼 쉽지 않다. 문이 열리는 소리가 들릴 때마다 쳐다보는 건 뿌리 깊은 습관일 수 있다. 당신이 그렇게 하고 있다는 걸 깨닫지 못할 수도 있다. 이 습관을 없애려면 시간과 인내심이 필요하다.

우선 5분간 문을 쳐다보지 않고 버틴다. 문을 쳐다보지 않고서 5분간 일할 수 있다면, 그다음에는 타이머를 10분으로 설정한다. 그리고 난 후 15분, 20분으로 차차 늘려간다. 중요한 건 문을 무시하고 일할 수 있는 시간의 길이가 아니라 당신이 얼마나 일관되게 그렇게 할 수 있느냐이다. 목표는 당신의 뇌를 재훈련시켜 집중력을 해치는 나쁜 습관을 긍정적인 습관으로 대체하는 것이다.

말하고 싶지 않을 때는

헤드폰을 활용하기

———————— • ————————

헤드폰을 착용하면,
지금은 집중하고 있다는 의미로
타인들의 기대를 재설정한다.
당신을 방해하는 사람들이 확연히 줄 것이다.

헤드폰을 쓰면 나만의 섬에 머물 수 있다. 남들에게 음악, 팟캐스트, 오디오북이나 다른 종류의 무언가를 듣고 있으니 방해하지 말라는 신호를 보내는 것이다. 헤드폰을 쓴 모습을 다른 사람들이 보면, 그들은 이런 메시지를 눈치채고 방해하지 않으려 한다.

반면 헤드폰이 없으면, 다가가기에 만만한 대상이 된다. 게다가 우리의 뇌는 많은 호기심을 가지고 태어났다. 뭔가 낯선 것을 보면 더 알고 싶다. 낯선 사람이 다가와 당신이 하는 일에 대해 물어도 놀라지 마라. 내가 스타벅스에서 일할 때, 셀 수 없을 정도로 자주 아래와 같은 질문을 받았다.

- **선생님/교수인가요?**
- **직업이 뭔가요?**
- **여기 매일 오시더군요.**

- **무슨 일을 하시나요?**

- **매일 커피를 얼마나 마시나요?**

당신이 잠깐 휴식을 취하고 있을 때 이런 질문을 받는 거라면 그
래도 괜찮다. 하지만 열심히 일하고 있는 중이라면 집중력을 깨
뜨릴 수 있다. 이럴 때 헤드폰을 착용하면 이 문제가 해결된다.
사람들이 당신을 덜 간섭하고 일에 몰두하게 놔둘 것이다.

집중력을
높여주는

반복 재생

———————————— • ————————————

우리는 집중력을 끌어올리는
시스템을 만드는 데
음악을 이용하는 법을 배웠다.
여기에 더해 이제 반복 재생을 이용해보자.

우리는 집중력을 강화시키는 시스템을 만드는 데 배경음악을 이용하는 법을 배웠다. 다른 사람들과 여럿이 같은 장소에서 일할 때 이 전략은 적극적으로 고려해볼 만하다.

어떤 사람들에게는 카페 정도의 어수선함이 몰입 상태에 도달할 수 있는 완벽한 배경음이 된다. 에스프레소 머신의 소음, 그릇이 부딪혀 달그락거리는 소리, 고객들이 농담을 주고받는 소리가 집중에 도움이 된다.

나의 경우 특히 클래식 피아노곡들이 더 효과적이었다. 계속 반복해서 재생되도록 녹음된 곡은 특히 집중력 개선에 효과가 더 좋았다. 이런 곡을 들으면 환경 소음을 차단하고 좀 더 쉽게 눈앞의 일에 집중할 수 있다.

유튜브에서 '60분'이라는 말을 넣어 검색하면 1시간 동안 반복해서 녹음된 트랙을 발견할 수 있다. 뇌가 반복되는 음악에 익숙해져 보다 손쉽게 몰입 상태에 도달하게 될 것이다.

"대다수는 빠른 삶을
원하지 않는다.
사람들은
좋은 삶을 원한다."

_요한 하리 Johann Hari

타인이 당신을

간섭하지
못하게 하는
훈련

———————— • ————————

어떻게 하면 타인의 기분을
상하게 하지 않으면서
간섭을 최소화할 수 있을까?
이것 역시 훈련이 필요하다.

우리 대부분은 타인과 상호작용하는 걸 즐기는 사회적 동물이다. 미소와 친절한 말을 주고받는 일은 만족감을 준다.

누군가 당신과 대화를 나누고 싶어 하는 상황에서 어떻게 하면 기분 상하게 하지 않으면서 간섭을 최소화할 수 있을까? 내가 찾은 전략은 다음과 같다. 먼저 누군가 다가와도 나는 쳐다보지 않는다. 그러다가 질문을 던지거나 친절한 말로 대화를 시작하려 들면, 이럴 때 보통 나는 미소를 지으며 친절하지만 간결한 대답을 건네고 하던 일을 다시 한다. 그 사람이 또 다른 질문을 던지거나 또 다른 말을 하면, 나도 또다시 친절하지만 간결하게 답을 한다. 이렇게 하면 대부분은 눈치를 채고 이즈음에서 대화를 시작하려는 시도를 멈춘다.

만약 집요한 대상을 만난다면, 나는 웃으며, "저도 대화하고 싶지만, 끝내야 하는 일이 있어서요." 하고 정확하지만 단호하게 말한다. 이 말은 친절하면서 동시에 내가 집중하려고 한다는 메시지를 전달한다. 또 대놓고 말하지 않으면서도 그가 나를 방해하고 있음을 명확히 알려준다. 이 방법의 효과는 나중에 더욱 극명하게 드러난다. 다음에 내가 일하는 걸 발견해도 방해하려 들지 않는다. 내가 집중해야 한다고 추측하는 것이다.

타인의 기대를 재설정하는 데는 시간이 걸린다. 하지만 장기간에 걸쳐 그 효과가 드러난다. 사람들은 당신을 보더라도 방해하지 않는 데 점점 익숙해져 집중하고 계속 일할 수 있게 된다.

지금 즉시
잃어버린 집중력을 되찾아라

우리는 이 책에서 많은 내용을 다뤘다. 가장 중요한 교훈은 당신이 집중력을 통제할 수 있다는 것이다. 당신은 방해 요소를 퇴치하고 계속 일에 집중하게 해주는 날카로운 집중력을 계발하기 위해 필요한 도구를 가지고 있다. 그 도구들을 실전에서 사용하기만 하면 된다.

나는 당신이 떠올릴 수 있는 사람들 가운데 가장 집중력이 없는 사람 중 하나였다. 하지만 현재 나는 어떤 일이 주어져도 눈앞의 일에 집중하고 다른 모든 것은 쉽게 무시할 수 있다.

물론 이런 변화는 쉽게 오지 않았다. 하룻밤 사이에 바뀐 게 아니다. 하지만 내가 했으면 당신도 얼마든지 할 수 있다는 걸 알려주고 싶다.

집중력이 바뀌면 완성도가 더 높은 일을 해내고, 실수가 줄고, 더 적은 시간에 더 많은 일을 할 수 있게 된다. 그렇게 되면 사랑하는 사람들과 취미와 열정에 쏟아부을 자유 시간이 더 많아질 것이다.

이제 이 책에서 배운 집중력 시스템을 통해 나만의 집중력 시스템을 만들자. 언제 어디서나 내가 원할 때 앉은자리에서 바로 몰입하는 기적을 매일 일상 속에서 경험할 차례다.

잃어버린 집중력 구하기

초판 1쇄 인쇄 2024년 2월 28일
초판 1쇄 발행 2024년 3월 13일

지은이 데이먼 자하리아데스
펴낸이 이경희

펴낸곳 빅피시
출판등록 2021년 4월 5일 제2021-000115호
주소 서울시 마포구 월드컵북로 402, KGIT 19층, 1906호

ISBN 979-11-93128-87-9 03190

- 인쇄·제작 및 유통상의 파본 도서는 구입하신 서점에서 바꿔드립니다.
- 이 책의 전부 또는 일부 내용을 재사용하려면
  반드시 사전에 저작권자와 빅피시의 서면 동의를 받아야 합니다.
- 빅피시는 여러분의 소중한 원고를 기다립니다. bigfish@thebigfish.kr